BIBLIOTHÈQUE NATIONALE

NOTICE

des

DOCUMENTS EXPOSÉS

à la

SECTION DES CARTES

par

Léon VALLÉE

CONSERVATEUR-ADJOINT

CHEF DE LA SECTION DES CARTES

Extrait de la Revue des Bibliothèques, nos 4-6. Avril-Juin 1912.

DEUXIÈME ÉDITION REVUE ET AUGMENTÉE

PARIS (VIᵉ)

LIBRAIRIE ANCIENNE HONORÉ CHAMPION, ÉDITEUR

5, QUAI MALAQUAIS, 5

Téléphone **828-20**

1912

BIBLIOTHÈQUE NATIONALE

Bulletin mensuel des récentes publications françaises. Nouvelle série méthodique :

Abonnement : Un an, **10** fr. ; U. P., **12** fr.
— Sur papier pelure imprimé d'un seul côté et pour coller sur fiches. **15** fr.
— Les années écoulées 1909, 1910, 1911. Chaque 1.200 pages. . . **15** fr.
— Collection complète, XXXI tomes . . . . **30** fr.

Le Bulletin des récentes publications françaises que publie la Bibliothèque Nationale constitue **la plus complète, la plus sûre et la moins coûteuse des bibliographies.** Il groupe dans un classement méthodique les ouvrages consacrés à l'étude de questions similaires.

Les ouvrages qui peuvent être classés dans deux divisions à la fois du cadre méthodique sont représentés dans l'une par la notice elle-même, et dans l'autre par un renvoi à cette notice. De la sorte chacun peut, en lisant chaque mois le ou les paragraphes du Bulletin correspondant à ses études, se tenir au courant des publications nouvelles susceptibles de l'intéresser.

Les notices des livres anciens, ainsi que les notices des cartes et plans entrés à la section de Géographie de la Bibliothèque, forment des listes particulières ainsi que les recueils de fac-similés et des albums de planches gravées.

Les douze fascicules mensuels sont complétés par une double table annuelle, l'une des noms des auteurs, éditeurs et traducteurs, l'autre des mots typiques caractérisant spécialement le sujet traité dans chacun des ouvrages mentionnés.

Grâce à ces tables, les volumes annuels du Bulletin constitueront des instruments de recherches bibliographiques permettant de retrouver les ouvrages publiés en France sur les sujets les plus particuliers.

Bibliothèque Nationale. — *Historique.* Delisle (Léopold). **Le cabinet des manuscrits de la Bibliothèque Nationale.** Etude sur la formation de ce dépôt, comprenant les éléments d'une histoire de la calligraphie, de la miniature, de la reliure et du commerce des livres à Paris. Paris, 3 vol. in-4 et album de 50 planches d'anciennes écritures (Épuisé) . . . . **120** fr.

— Mortreuil (François). **La Bibliothèque Nationale,** son origine et ses accroissements jusqu'à nos jours, notice historique, in-8 br. . . . . **3** fr.

Inventaires : **Catalogue des livres imprimés** de la Bibliothèque Nationale. T. I (VI à XL) chaque . . . . **12** fr. **50**

— Auvray (L). **Inventaire sommaire d'une collection du président de Harlay** sur diverses matières ecclésiatiques, 1895, in-8 . . . . **2** fr.

— Bouchot (H.), de l'*Institut.* **Catalogue de dessins relatifs à l'histoire du théâtre,** conservés au département des estampes de la Bibliothèque Nationale, avec la description d'estampes rares sur le même sujet, récemment acquises de M. Destailleur. 1896, gr. in-8. **3** fr.

— Couderc (C.). **Inventaire sommaire de la collection Clément de Boissy** sur la juridiction et la jurisprudence de la Chambre des Comptes. 1895, in-8. . . **2** fr.

— Delisle (Léopold). **Inventaire général et méthodique des manuscrits français de la Bibliothèque Nationale.** T. I. Théologie, in-8. . . . . . **7** fr. **50**

— T. II. Jurisprudence, in-8 . . . . **7** fr. **50**

— **Inventaire des manuscrits de la Bibliothèque Nationale. Fonds de Cluni,** in-8 . . . . **7** fr. **50**

— Duplessis. **Inventaire de la collection d'estampes relative à l'histoire de France** léguée en 1863 à la Bibliothèque Nationale par M. Michel Hennin. 1876 à 1884, 5 vol. in-8, en liv. . . . . **40** fr.

— Guibert (Joseph), *du cabinet des Estampes.* **Les dessins du Cabinet Peiresc au Cabinet des estampes de la Bibliothèque Nationale.** Antiquité. Moyen Age. Renaissance. 1909, in-4 de 100 pages de texte dont 17 en couleurs ; tiré à 125 exemplaires numérotés. . . . . **50** fr.

— **Catalogue général des livres imprimés de la Bibliothèque Nationale.** Actes royaux par A. Isnard. T. I. *Depuis l'origine jusqu'à Henri IV.* Imp. Nat. 1910, in-8, cxxii, 852 col. . . . . **12** fr. **50**

— Huet (Gédéon). **Catalogue des manuscrits néerlandais** de la Bibliothèque Nationale. 1886, in-8, br. . . . . **5** fr.

— **Catalogue des manuscrits allemands** de la Bibliothèque Nationale, 1895, gr. in-8. . . . . **5** fr.

— La Roncière (Ch. de). **Catalogue de la collection de Camp** conservée au département des manuscrits de la Bibliothèque Nationale. 1896 . . . . **3** fr.

— Morel-Fatio (A.). **Catalogue des manuscrits espagnols** de la Bibliothèque Nationale. 2 vol. in-4, br. . . . . **40** fr.

NOTICE DES DOCUMENTS EXPOSÉS

à la

SECTION DES CARTES

NOTICE

des

DOCUMENTS EXPOSÉS

à la

SECTION DES CARTES

par

Léon VALLÉE

CONSERVATEUR-ADJOINT

CHEF DE LA SECTION DES CARTES

Extrait de la Revue des Bibliothèques, n°s 4-6. Avril-Juin 1912.

DEUXIÈME ÉDITION REVUE ET AUGMENTÉE

PARIS (VIe)

LIBRAIRIE ANCIENNE HONORÉ CHAMPION, ÉDITEUR

5, QUAI MALAQUAIS, 5

Téléphone 828-20

1912

Tous droits réservés

AVANT-PROPOS

A diverses reprises, quand des expositions géographiques ont eu lieu à la Bibliothèque, les autres départements ont prêté à la Section des pièces qu'ils possédaient dans leurs fonds particuliers et qu'ils ne pouvaient nous céder sans désorganiser leurs propres collections. Lorsqu'il s'est agi de certaines expositions spéciales, comme celle du Quatrième centenaire de la découverte de l'Amérique, les ministères, les Archives nationales, des particuliers nous ont confié momentanément quelques-unes de leurs richesses.

Notre exposition actuelle contient seulement ce qui appartient à la Section. C'est le moyen le plus sûr de faire apprécier l'importance et la variété de nos séries, d'appeler l'attention du public sur une source de documentation que trop de lecteurs ignorent et dont ils sont appelés à tirer profit.

L'espace dont nous disposons est fort restreint. Nos anciennes séries contiennent quantité de belles pièces. Le choix a été ardu.

Nous avons commencé par éliminer ce que l'on sait devoir trouver chez nous, c'est à dire les cartes d'État-major, les Hydrographies, les atlas des missions scientifiques, ceux de la ville de Paris, des Ministères, des Instituts géographiques, etc. Ces travaux, chacun a eu l'occasion de s'en servir et, lors des expositions internationales où ils ont figuré à Paris, d'en comparer les mérites d'exécution.

Nous avons ensuite mis de côté, souvent avec un vif regret, ce qui ne pouvait prendre place dans nos vitrines trop étroites et dans nos cadres trop petits. Emplacement et cadres ont été, dans notre choix, la raison prédominante alors que la logique exige juste le contraire !

De nos portulans nous ne montrons qu'un lot réduit ; la Section, par bonheur, en possède encore d'autres. Elle doit ce privilège à la science et à l'ardeur de ses anciens conservateurs. Jusque vers 1828 on ne portait qu'une attention médiocre à ces vénérables monuments de la cartographie. Dès cette époque Jomard se mit à leur recherche et constitua le premier noyau de notre collection.

Cortambert, à son tour, réussit à grossir celle-ci par des achats importants, mais son budget ridiculement minime ne lui permit pas de saisir toute les occasions qui se présentèrent. Depuis, grandes bibliothèques et amateurs éclairés ont suivi l'exemple de notre établissement. Les portulans qui paraissent dans le commerce deviennent de plus en plus rares et atteignent des prix presque toujours hors de nos moyens d'achat.

Malgré cette difficulté, G. Marcel, successeur de Cortambert, réussit à conquérir quelques pièces de premier ordre, tels les portulans portugais achetés à Mme Miller (n°s 229, 275) et le portulan de Vesconte de l'an 1313 ; mais, pour cette dernière acquisition, il lui fallut recourir à la libéralité de M. le prince Roland Bonaparte, lequel voulut bien nous donner la grosse somme d'argent qui nous manquait. L'impossibilité matérielle qui nous a empêché d'exposer l'atlas de Vesconte nous a donc été doublement pénible. Nous avons tenu à le signaler.

Notre dernier achat de portulan a été fait par M. de la Roncière pendant son court passage à la Section. C'est la carte (n° 222) exécutée au Havre en 1584 par Jacques de Vaulx et qui est relative au Canada et à des parties des deux Amériques. Plus d'un Américain nous enviera cette possession.

Nos globes sont représentés par peu de spécimens. Par contre ils méritent de retenir toute l'attention des visiteurs car ils permettent d'apprécier la progression rapide des connaissances géographiques des anciens cartographes.

Le globe de Behaim (n° 91), copie du fameux globe de Nuremberg, fut achevé l'année même du départ de Chr. Colomb pour sa découverte. De l'Amérique il ne donne donc aucune trace, mais il situe l'île de Cipangu [le Japon] à la place qu'occupera le nouveau continent.

Sur le « Globe vert » (n° 298), qui date environ de l'an 1520, nous voyons toute l'Amérique méridionale et pour l'Amérique du Nord la seule côte septentrionale. Mais l'isthme de Panama apparaît percé : M. de Lesseps avait déjà un précurseur !

Antérieur à 1527, le « Globe doré » (n° 291) présente cette particularité : les terres y sont gravées au burin alors que les inscriptions en petites capitales ont été repoussées au poinçon.

Le « Globe de bois » (n° 286) est le reflet des croyances qu'avaient alors certains cartographes. Exécuté vers 1535 il réunit en un continent unique l'Asie et l'Amérique.

Lorsque Coronelli en 1688 fait son grand globe terrestre il représente encore la Californie comme une île. Mais comme il a entendu dire que la Californie est une presqu'île il libère sa conscience de savant par une note explicative où il mentionne le bruit auquel il n'ose accorder créance complète.

Les globes célestes sont représentés aussi par deux spécimens curieux. L'un, en arabe-coufique, est en bronze et date du XIe siècle (n° 304). L'autre, arabe, en bronze aussi, a été fait à la Mecque au XVIe siècle (n° 292).

Quant aux astrolabes nous en exposons quelques-uns, aussi précieux que rares, témoin l'astrolabe (n° 307) qui a été exécuté par Ahmeh-ben-Khalaf vers le milieu du Xe siècle de notre ère.

La Bibliothèque doit beaucoup à la vieille monarchie française, car nos rois se faisaient un honneur d'augmenter sans cesse sa valeur scientifique, artistique et littéraire en envoyant de tous les côtés à l'étranger des savants qui étaient chargés de rechercher les livres, les manuscrits et les documents de toute nature susceptibles d'accroître la beauté de nos collections. Comment ces souverains étaient instruits dès leur jeune âge, nous le montrons par quelques reliques que conserve la Section. Le « Cours des fleuves et rivières de l'Europe, 1718 » est un livre (n° 47) composé et imprimé dans son imprimerie particulière des Tuileries par Louis XV à l'âge de 8 ans. De Louis XVI enfant voici (n° 48) une carte autographe des « Environs de Cherbourg ». Du même, devenu dauphin, « Reconnaissances des environs de Versailles par le Dauphin, en 1769, » (n° 142), carte qui se distingue par le soigné de son exécution. Et aussi les manuscrits de Buache et d'Argentré : « Programmes pour les leçons géographiques des 4 fils du Dauphin (n° 50). »

Parmi les curiosités, signalons encore la grande mappemonde de Cabot (n° 105), dont on ne connaît aucun autre exemplaire, les deux consoles (n°ˢ 101, 108) dont les dessins sont attribués à Louis XVI, les appareils cosmographiques de Thuret (n°ˢ 250, 255), le Calendrier perpétuel de Pleninger, de 1603 (n° 92) et le relief du Château de Bellevue, par le Roy (n° 282).

Les cartes générales et particulières de la France sont assez largement représentées. Aux premiers rangs se place la carte manuscrite de Normandie dessinée en 1545 par Jolivet. Cette belle pièce, fort exacte pour son époque, est une acquisition exceptionnelle qu'a réussie notre prédécesseur et ami G. Marcel (n° 79).

L'édition originale du plan de Paris par Gomboust (n°79), la

riche série des pièces relatives à la période de la Révolution française,
les anciens livres imprimés, les atlas manuscrits que renferment nos
vitrines sont dignes de la plus haute attention, tant au point de vue
documentation qu'à celui de la rareté et de la valeur des articles
présentés.

Dans nos cadres on remarquera aussi certaines cartes manuscrites
que peu de privilégiés ont pu consulter. Mettre celles-ci en lumière
nous a semblé désirable parce qu'elles rappellent le grand rôle joué
dans l'univers par notre marine et qu'elles prouvent que la colonisa-
tion française a laissé en Asie, en Afrique et en Amérique des traces
indélébiles du génie colonisateur de notre race.

Avant de clore ces lignes, qu'on me permette d'exprimer un
souhait. Pour combler les lacunes de nos collections, acquérir les
grands travaux géographiques de l'étranger et enrichir de temps à autre
la Section de pièces exceptionnelles, nous disposons d'un budget trop
infime. A diverses reprises notre Administrateur a été auprès des
pouvoirs publics l'interprète éloquent de nos doléances et de nos
besoins. Puisse cette modeste exposition contribuer à nous faire
obtenir enfin les ressources qui nous sont indispensables pour sou-
tenir la lutte contre nos rivaux et pour conserver à la Section la
place enviée que nos prédécesseurs lui ont acquise.

L. VALLÉE.

NOTICE

SECTION DES CARTES, PLANS ET COLLECTIONS GÉOGRAPHIQUES

DU DÉPARTEMENT DES IMPRIMÉS
DE LA BIBLIOTHÈQUE NATIONALE

---

1.   Soleri (Guillaume)

[Portulan catalan sur vélin, en couleurs. Il représente la Méditerranée, l'Europe et le nord de l'Afrique. Vers 1380. Il porte cette légende] : « Guillmus Soleri civis Maioricarum me fecit. » — 1 feuille 0, 650 × 1, 030.

> G. Marcel en a donné une reproduction héliographique dans son « Recueil de portulans. — Paris, J. Gaultier, 1885 » [Ge CC 142] et dans son « Choix de cartes et de mappemondes des xiv᷍ et xv᷍ siècles. — Paris, Leroux, 1896 », fol. [Ge CC 299]   C 16936
> On connaît de Soleri un autre portulan daté de 1385. Il est conservé à Florence au R. Archivio di Stato.

2.   Mecia de Viladestes

[Portulan sur vélin, avec de nombreuses figures et pavillons des divers états. Enluminures or et couleurs. Il représente l'Europe, et, en parties, l'Asie et l'Afrique. Il est écrit en catalan. Comme la carte Catalane de 1375, il mentionne l'arrivée de Jacque Ferrer à la rivière de l'Or, en Afrique, le 10 août 1346. Il est signé] : « Mecia de Viladestes me fecit in ano 1413.̄ » — 1 feuille 0,840 × 1 m. 150.

> Reproduit par la photogravure dans G. Marcel : « Choix de cartes et de mappemondes des xiv᷍ et xv᷍ siècles. — Paris, Leroux, 1896, » fol. [Ge CC 299]   C 15850

3.   Anonyme

Carte de l'île de Pou-tou. — 1 feuille 1, 090 × 0, 640.

Carte chinoise imprimée en couleur.
C 13068

4. Philott (Steffan)

Warhafte und Eigentliche Abconterfactur der Berümbten Catholischen Eidtgnossischen Statt Fryburg in Uchtlandt Sampt Irer Gelegenheit Anno 1606. Den... Herren H. Schuldtheisen und Rätten Der loblichen witberümpten Statt Fryburg in Uchtland, Seine Hochehrende Herren Dediciert und verehrt Steffan Philott Müntzmeister In underdienstig geflisen Diener und Burger Diss werck welches er verlegt hat und Durch Marti-Martini Goldschmidt in Abdruck gebracht und volendet worden. — 1 feuille 1,58 × 0, 87.

B 2500.

5.   Cantino (Alberto)

Fragment de planisphère envoyé de Lisbonne à Hercule d'Este, duc de Ferrare, avant le 19 novembre 1502 par Alberto Cantino. De la grandeur de l'original (Biblioteca Estense à Modène). — Paris, Ernest Leroux, éditeur, imp. Becquet

frères et Simon, (s. d.), 1 feuille.
1 m. ✕ 1,08.

> Chromolithographie. — Dans le bas
> de la carte on lit: 1° à gauche
> « Carta de navigar per le Isole
> novamte tr... in le parte de l'In-
> dia: dono Alberto Cantino Al S.
> Duca Hercole ». — 2° à droite,
> « Calqué sur l'original par MM. Ma-
> latesta, Zattera et Antilli Profes-
> seurs à l'Ecole militaire de Modène
> et reproduit en fac-similé par Pi-
> linski père et fils pour l'ouvrage de
> M. Henry Harrisse intitulé les
> Corte Real et leurs voyages au Nou-
> veau Monde. »   Ge A 3

6.   Homem (Diego)

Atlas portugais, ms. sur vélin
avec riches enluminures. Il se compose de 7 feuilles in-fol. Savoir :
1. Iles Britanniques. — 2. l'Archipel. — 3. La Mer Adriatique. —
4-6. La Méditerranée. — 7. La Mer
Noire.

> Au bas de la dernière carte, à droite,
> on lit : « Diegus Homẽ Cosmogra-
> phus lusitanus fecit Vinetiis año
> a partu Virginis 1574. »
> Acheté en 1838 à M. Richardon,
> professeur. — G. Marcel en a repro-
> duit une partie par l'héliographie
> [les îles Britanniques et les côtes
> de l'Espagne] dans son « Recueil de
> portulans. — Paris, J. Gaultier,
> 1886 », fol. [Ge CC 142]
> Les œuvres de ce cosmographe
> jouissent de la plus grande répu-
> tation. La Section en possède trois.
> D'autres se trouvent à Venise
> (Bibliot. Marciana. — Museo de
> R. Arsenal Marittimo), à Rome
> (Bibliot. Vittorio Emanuele), à
> Parme (Bib. Reale), à Paris (Biblioth.
> de l'Arsenal), et à Londres (British
> Museum).   B 2446

7.   Homem (Diego)

Atlas ms. sur vélin, avec enluminures, composé de 8 cartes 0,600
✕ 0,450. 1559, in-fol.

1. Grande-Bretagne et côtes de
France. — 2. Espagne et Portugal
(avec vue de « Louisbonne »); côte
nord de l'Afrique. — 3. Italie avec
vues de Gênes et de Venise), côtes
de l'Adriatique et du Maroc. — 4.

Grèce et côtes de l'Afrique et de
l'Asie Mineure. — 5. Côtes de la
mer Noire. — 6. Côtes de l'Adriatique. — 7. Archipel. — 8. Calendrier.

> Sur la droite du Calendrier on lit :
> « Diegus Homẽ cosmographus me
> fecit año salutis 1559. »
> Cet atlas a été acheté à M. Amat en
> 1842.
> [Inv. gén. 931]   Ge DD 2003

8.   (Lopez Thomas)

Atlas Geographico del Reyno de
España, è Islas adjacentes. Con una
breve descripcion de sus provincias.
Dispuesto para la utilidad publica
Por D. Thomas Lopez, Pensionista
de S. M. en la Corte de Paris. De-
dicado al Excᵐᵒ S. D. Jaime Mas-
sones de Lima y Soto-Mayor &c. —
Madrid, en casa de D. Antonio
Sanz Plazuela de la Calle de la Paz,
Año de 1757, petit in-12.

> Voir : Marcel (G.). « Le géographe
> Th. Lopez et son œuvre. — New-
> York et Paris, 1907 », in-8° [Ge FF
> 11017]   Ge FF 3250

9.   Trodec (J.)

[Almanach xylographique.] —
(S. l. ni d.), 11 feuillets de 0,073
✕ 0,103.

> Cet almanach, imprimé, recto et
> verso, en caractères xylographiques
> dans la 1ʳᵉ moitié du xviᵉ siècle est
> fort rare. On n'en connaît que
> quelques exemplaires. Les pages 7
> à 14 sont occupées par des cercles
> ou roses où sont tracées les aires
> des huit principaux vents. Au
> centre de chacune des roses on
> trouve de 1 à 3 lettres. Celles-ci
> groupées donnent le nom de l'au-
> teur : « Faict par J. Trodec. » Voir
> l'opuscule de G. Marcel : « Sur un
> almanach xylographique à l'usage
> des marins bretons. — Paris, Dela-
> grave, 1900, 8°. » (Ge FF 1108.)
> Cet almanach était attribué à Bruscon.
>   C 10809

10.   Anonyme

[Atlas italien et anonyme, du
xviᵉ siècle. Il est ms., sur vélin,

in-4, et se compose de 12 cartes, savoir :

1. Calendrier. — 2. Sphère et zodiaque. — 3. Les Amériques. — 4. Afrique. Mer des Indes. — 5. Afrique. Amérique. — 6. Europe, avec les régions. — 7. Espagne. Afrique. — 8. Méditerranée, 1re partie. — 9. Méditerranée, 2e partie. — 10. Méditerranée, 3e partie. — 11. Mer Noire. — 12. Mappemonde ellipsoïdale.

Il est colorié et provient de M. Piccolomini de Sienne. Il a été transmis à la Section par le Département des Mss. en 1838.

Inv. gén. 927.

11. Spilbergen (Georgius à)

Speculum orientalis occidentalisque Indiæ navigationum ; quarum una Georgij à Spilbergen classis cum potestate Præfecti, altera Jacobi le Maire auspiciis imperioque directa, Annis 1614, 15, 16, 17, 18. Exhibens Novi in mare Australe transitus, incognitarumque hactenus terrarum ac gentium inventionē : prælia aliquot terra marique commissa, expugnationesq. urbium : una cum duabus novis utriusque Indiæ Historiis, Catalogo munitionum Hollandicarum ducum et reliqui bellici apparatus, Fretisque quatuor : suis quæque figuris ac imaginibus illustrata. — Lugduni Batavorum apud Nicolaum à Geelkercken. An. 1619, in-8 oblong.

Ge FF 9367

12. Embry

Fortifications des îles de Marseille. Dessiné par Embry architecte. 1780.

Échelle de 40 toises. Ms. en couleur dans un petit cadre rond.

Ge FF 10560

13. Anonyme

Peru. — (S. l. ni d.), 1 feuille 0,280 × 0,340.

Cette carte française fort rare a été gravée au milieu du xvie siècle. Elle est en deux parties. La partie supérieure représente l'Amérique centrale, avec Panama, et une fraction du Pérou où est planté le drapeau espagnol. La partie inférieure représente le Pérou avec quelques villes et la défaite d'Atabalipa par les Espagnols de Pizarre. Dans un cartouche, à gauche, on lit cette légende : « Cette contrée soubz l'équateur, n'a voisins plus proches que l'on congnoisse que les cruels Canibales vivans de chair humaine qui la bornent du costé dOrient. De la partie du midy contine à l'Amérique 4e partie du monde. Or il n'a esté possible de vous faire un portraict de description plus parfaicte par imparfaicte congnoissance. Touttefoys j'ay pensé qu'en attendant mieulx, encores aimeriez-vous mieulx peu que rien. »

Bd IV

14. E. V. [Enea Vico]

[Perspective cavalière du siège de Perpignan, signée E. V. (Enea Vico) 1542], 1 feuille 0,330 × 0,220.

Il s'agit du siège fait par François Ier contre les troupes de Charles-Quint.

Ge D 1670

15. Anonyme

Topographische Erklærung des Panorama von Gibraltar. 1812, 1 feuille 0,240 × 0,275.

Pièce gravée et coloriée. Ge D 3339

16. Anonyme

Plan du Cap Français. — Plan du Port au Prince. — (S. l. ni d.), 1 feuille 0,200 × 0,130.

2 petits plans ms. coloriés et réunis dans deux cercles. En bas sont les deux légendes. xviiie siècle.

Ge D 3753

17. Chedel

Ancien Paris du tems de Robert. 996. Chedel f. — (S. l. ni d.), 1 feuille 0,120 × 0,100.

Petite vue du xviiie siècle. Ge D 3521

18. Syméon (Gabriel)

La Limagna d'Overnia. Divæ Katarinæ Mediceæ christianissimæ

Gal. Reginæ, Arvernorum, Boio-
rumq. d. fœminæ spectantissimæ
castitatis, venustatis eximiæ, libe-
rorum fœcunditate feliciss. piisimæ,
sanctissimæq. novam hanc Limaniæ
provinciæ topographiam, una cum
oppidi invicto Gergobiæ situ, quem
falso nonnulli alterutram claromon-
tens. sanfloranorumve fuisse urbium asserverunt, principi et pa-
tronæ incomparabili ded. Gabriel
Symoneus florentinus Ενδοχιας
1560. — 1 feuille 0,280 × 0,480.

Pf 27 (11)

19.   Dubreuil

Château de Verneuil et la forêt
d'Halatte d'après la fresque de Dubreuil au Palais de Fontainebleau
(Galerie des Cerfs). — (S. l. ni d.),
1 feuille 0,260 × 0,180.

Ge F 626

20.   Anonyme

Franciæ accurata descriptio.
Frankreich mit seinen Grentzen.
1589, 1 feuille 0,275 × 0,205.

B 1708

21.   Anonyme

Portrait de M. Jomard, ancien
conservateur de la Section, un des
membres de l'Expédition d'Égypte,
et qui a présidé à l'édition du
grand ouvrage relatif à cette Expédition. — 1 feuille 0,200 × 0,250.

Inv. gén. 340.

22.   Ptolémée

Ptolémée. — Édition considérée
généralement, mais à tort, comme
la première. Elle est intitulée :
« Cosmographia lat. interpr. Jac.
Angelo. Castigav. Hieron. Manfre-
dus, Petrus Bonus. Correxer. Ga-
leottus Martius et Colla Montanus.
Extremam emendationis manum
imposuit Philippus Beroaldus. —
(*A la fin*) : Hic finit Cosmographia
Ptolemei impressa opa Dominici
de Lapis civis Bononiensis. Anno
M.CCCC.LXII mense junii XXIII.
Bononiæ. — 59 feuilles et 26 cartes.

> Cet exempl. a des feuillets interposés
> et ne possède pas la mappemonde.
> La date M.CCCC.LXII, qu'on lit
> dans la souscription, est certaine-
> ment fausse. On doit vraisembla-
> blement lire 1482. En effet, il est
> établi que l'imprimerie n'a pas été
> introduite en Italie avant 1465, et
> à Bologne en particulier, avant
> 1471. Le premier ouvrage imprimé
> avec date par Dominique de Lapis
> est d'ailleurs de 1476. De plus
> notre Ptolémée porte des signa-
> tures et l'on sait que l'usage des
> signatures ne remonte pas au delà
> de 1472. Enfin il est dit au dernier
> feuillet (celui qui contient la table)
> que P. Beroald a mis la dernière
> main à l'achèvement de cette édi-
> tion. Or Béroald, né en 1453, n'a-
> vait que neuf ans en 1462.

Ge D D 1001

23.   Ptolémée

Theatri geographiæ veteris tomus
prior in quo Cl. Ptolemæi geographiæ lib. VIII, gr. et lat. ; græca
ad codices palatinos collata, aucta
et emendata sunt, latina infinitis
locis correcta opera P. Bertii. —
(Tomus posterior.) Tabularum pto-
lemaicarum delineatio… ex Ptolemæi geographicis libris Agatho-
dæmon delineavit orbem habitabi-
lem, has vero tabulas descripsit
Gerard. Mercator. Recensuit, cor-
rexit, auxitque P. Bertius… —
Amstelæd., ex officina Hondij.
1618, 3 tomes en 1 vol. gr. fol., fig.

> Ce précieux recueil est devenu rare.
> Le présent exemplaire est un des
> plus complets que l'on connaisse.
> Identique à la description qu'en
> donne Brunet il contient en plus
> la carte Theodosienne et la carte
> intitulée Scheda posterior.

Ge DD 1024

24.   Camocio (Francesco)

[Recueil gravé au xvi° siècle et
rare. Il contient 57 cartes d'iles et

plans de villes de la Méditerranée. Parmi les plus importants on remarque une carte des environs de Zara, la prise de Sopoto par les Turcs en 1570, une vue de Rhodes, un plan de Constantinople, la bataille de Lepante en 1572, la disposition de l'armée turque sous Vienne contre Charles Quint en 1530 et l'ordre de l'armée turque à la prise de Zighet en 1566.] vol. in-4 oblong.

Ge FF 9562

25. Angeli (Johannes)

Astrolabium planum in tabulis ascendens : cõtinens qualibet hora atq. minuto. Equationes domor. celi : moram nati in utero matris cum quodam tractatu nativitatum utili ac ornato : necnon horas inequales pro quolibet climate mundi. — [*à la fin*] : Opus astrolabii plani in tabulis : a Johãne Angeli a novo elaboratus explicit feliciter : Impressum Venetiis per ihoannè Emericũ de Spira alemanus anno salutis 1494 quinto idus Junii, in-4.

Aussi rare et précieuse que la première qui parut en 1488 cette édition contient beaucoup de figures en initiales gravées sur bois. [Inv. gén. 913] Ge FF 9354

26. Coutans (Dom)

Itinéraire de Paris à Reims. — Atlas in-4 oblong de 23 feuillets.

Manuscrit en couleurs d'un itinéraire publié sous le titre : « Description de la grande route de Paris à Reims. — Paris, 1775 », in-4. [Ge FF 2457 et 7586] Ge D 696

27. Coutans (Dom)

[Itinéraire de Versailles à Bouron.] Atlas in-4 oblong de 9 feuilles 0,270 $\times$ 0,115.

Route suivie par la Cour pour aller au-devant de la future comtesse de Provence en 1773. — Manuscrit inédit.
Sur cet auteur, voir : Marcel (G.). « Un Bénédictin géographe. D. Coutans. — Paris, Leroux, 1888 », in-8. [Ge F 465] Ge D 695

28. Widmann (Lunati)

Vedute principali della costa d'Africa, Mediterranea, con quelle dell'isola di Malta, Gozzo, Candia, Cipro, Rhodi, e altre. Opera delineata al vivo con la diligente pazienza dell' Ab* Lunati Widmann patrizio Milanese e oriondo di Praga. — Atlas manuscrit in-4 oblong.

Contient 63 planches, dont beaucoup fort curieuses, et celles de la côte d'Afrique plus particulièrement. Ce FF 13048

29. Hamon (P.)

France du labeur de P. Hamon Blæsien escrivain du Roy et sec. de sa chambre — 1 feuille 0,25 $\times$ 0,22.

Ms. en couleur sur vélin. Dans l'encadrement on lit : « Florisse et vive a jamais le tres heureux, tres invincible et tres chrestien monarque Charles IX : par la grace de Dieu Roy de France et des Francoys : 1568. » Pf 23

30. Caloiro (Placidus) et Oliva

[Portulan de la Méditerranée, ms. sur vélin, avec enluminures. Il est signé] : « Placidus Caloiro et Oliva fecit in nobili urbe Messane anno 1631.» 1 feuille 0,460 $\times$ 0,860.
Acquis à la vente Merlin en 1871.

C. 19747 (1)

31. Sideri (Georgio)

[Portulan sur vélin, avec enluminures, donnant la mer Noire, la Méditerranée et l'Europe occidentale. Dans l'angle supérieur, à droite, on lit : « Georgio Sideri dicto Calapoda cretensis fecit anno domini 1565. »] — 1 feuille 0,440 $\times$ 0,300.

Sideri était né en Crète. C'est un des très rares cartographes grecs de cette époque. Ses autres travaux sont conservés à Rome dans les Archives de la Propagande, à Venise à la Marciana et au Museo Civico.   Ge D 4497

32.   Anonyme

[Plan manuscrit de Bayeux avant la démolition du château et des fortifications.] — (S. d.), 1 feuille 0,250 × 0,190.

       Ge D. 4655

33.   Valseca (Gabriel de)

Reduccion del facsimile de la carta que hizo Gabriel de Valseca el año 1439. — *Madrid, M. A. Gracia fotolitografio. Lit. J. Mateu, Pº del Prado, 3o*, (s. d.) 1 feuille 0,415 × 0,325.

> Au dessous de la carte on lit : « La Carta original pertenece al Exmo Sr. Conde de Montenegro ; y el facsimile está ejecutado por los Delineadores de la Comisión Hidrográfica de la Peninsula, D. Ildefonso Gonzalez y D. Arturo Melero, bajo la direccion del Capitan de Navio D. José Gomez Imaz, Jefe de dicha Comisión. » Cette reproduction, sur laquelle on voit les traces de la tache d'encre faite par George Sand, est extraite de la « Monografia de una carta hidrográfica del Mallorquin Gabriel de Valseca (1439) por D. José Gómez Imaz... — Madrid, 1902 » in-8 : L'Original appartint jadis à Americ Vespuce qui le paya 130 ducats d'or.   Ge FF. 2971

34.   Chevalier (J.-A.)

Brest. J. Á. Chevalier fecit 1773 1 feuille 0,500 × 0,345.

> Ce Plan ms., au lavis, porte les armes de Bourgeois de Boyne ; le cadre doré est surmonté des mêmes armes.   C 18038

35.   Roselli (Petrus)

[Carte marine comprenant l'Europe, une partie de l'Afrique et de l'Asie, coloriée avec représentation des principales villes. Sur vélin.

Au bas on lit] : « Petrus Roselli composuit hanc cartam in civitate maioricarum anno domini MCCCC LXII. » 1 feuille 0,540 × 0,840.

Acheté à Nuremberg en 1851.

       C 13611

36. Berlinghieri (Francesco)

Geographia di Francesco Berlinghieri Florentino in terza rima et lingua Toscana distincta con le sue tavole in varii siti et provincie secondo la geographia et distinctione dele tavole di Ptolomeo. Cum gratia et Privilegio. — (à la fin) : Impresso in firenze per Nicolo Todescho et emendato con somma diligentia dallo auctore, (s. d.), in-fol.

> Vers 1480. Ce livre très rare compte 123 feuillets et 31 cartes géographiques. Celles-ci, d'un faire très informe, ont été gravées sur métal. Ce sont les plus anciennes que l'on connaisse en ce genre. Elles ont dû paraître en réalité avant les cartes gravées sur métal qui figurent dans l'édition de Ptolémée portant la date 1478 car cette date semble bien être fausse et les cartes du Ptolémée sont moins frustes. Acheté à M. Crozet en 1839.
>
> Voir : « Murr. Notitia libri rarissimi geographiæ Francisci Berlinghieri. — Norimbergæ, 1790 », 8' p. Ge FF 6399.   C 2035

37.   Apianus

Isagoge In Typum Cosmographicum seu Mappam Mundi (ut vocant) quam Apianus sub Illustrissimi Saxoniæ Ducis auspicio prælo nuper demandari curavit. — Impressum Landsshut per Joannem Weyssenburger, (s. d.), in-4, 4 ff. non chiffrés.

> Le titre de cet opuscule assez rare contient une petite figure du globe, sur laquelle le Nord est placé en bas. L'Afrique est analogue à l'Afrique de la carte de la Laurentienne.
>
>   Ge FF 9376

38.   Glareanus (Henricus)

Henrici Glareani Helvetii pœtæ laureati de Geographia Liber unus ab ipso authore jam tertio recognitus. — Venetiis, apud Joan-Ant. de Nicolinis de Sabio. Sumptu vero et requisitione D. Melchioris Sessæ anno Domini 1538 Mense Augusto, in-8, 40 ff.

> La première édition de cette géographie a paru à Bâle en 1527.
> [Inv. gén. 921.]   Ge FF 9357

39.   Benincasa (Gratiosus)

[Atlas ms. en couleur, représentant les côtes occidentales de l'Europe et de l'Afrique, ainsi que la Méditerranée et la mer Noire. Il se compose de 5 feuillets réunis dans une reliure ancienne. Il est signé : « Gratiosus Benincasa Anchonitanus composuit Rome anno domini 1467. »] — in-fol.

> Ce ms. très bien conservé, acheté à M. Payne, de Londres, en 1837, est un des plus précieux portulans qui existent. L'une de ses cartes les plus curieuses est celle qui indique les côtes de l'Afrique du côté de l'Atlantique. Sur l'auteur on peut consulter : C. Feroso. « Grazioso Benincasa marinaro e cartografo anconitano del secolo XV. — Ancona, 1884, » in-8.
> [8° K pièce 354].   Ge DD 1988

40.   Apianus (Petrus)

Cosmographicus Liber Petri Apiani Mathematici studiose collectus. — Excusum Landshutæ Typis ac formulis D. Joannis Weyssenburgers : impensis Petri Apiani anno 1524, in-4.

> Edition très rare et la première de cet ouvrage dont le succès fut autrefois fort grand.
> [Inv. gén. 916.]   Ge FF 9356

41. Alfonce (Jean Fonteneau, dit)

Ses voyages aventureux. — Poi-tiers, Jan de Marnef, 1559, petit in-4.

> Le titre manque. L'intéressant ouvrage du navigateur saintongeois a été rédigé par Melin de St-Gelais, ainsi que nous l'apprend Jean de Marnef dans l'Avis au lecteur. On y trouve annexées « Les Tables de la declinaison ou esloignement que fait le soleil de la ligne Equinoctiale chacun jour des quatre ans... — A Poitiers au Pelican, par Jan de Marnef, 1559 », 28 ff. non chiffrés, à la fin desquels on lit : « Ce livre a esté ainsi ordonné par Olivier Bisselin, homme tres expert a la mer, et acheve d'imprimer a la fin du mois d'avril de l'an mil cinq cens cinquante neuf. »
> [Inv. gén. 930.]   Ge FF 9360-1

42.   Agnese (Battista)

[Atlas in-4, ms., avec enluminures, sur vélin. Il se compose de 12 feuillets. — 1. Calendrier. — 2. Zodiaque. — 3. Les Amériques. — 4. Afrique, Amérique. — 5. Afrique, mer des Indes. — 6. Europe, Afrique. — 7. Espagne, Afrique. — 8. Méditerranée, 1re partie. — 9. Méditerranée, 2e partie. — 10. Méditerranée, 3e partie. — 11. Mer Noire. — 12. Mappemonde elliptique. — En haut du feuillet 11, à gauche, on lit: « baptista agnese januensis fecit venetiis anno domini 1543 die 25 junij.] »

> On a peu de renseignements biographiques sur Agnese. Kretschmer a dressé une liste des travaux de ce cartographe dans les Mitteilungen de Petermann, 1896. T. XXXI, p. 362.
> La Section possède de lui un autre atlas, presque identique, en 12 cartes également, sous la cote Inv. ge. 927. B 2.625. Ces deux atlas ont été transmis à la Section par le Département des Mss. Ils provenaient de M. Piccolomini de Sienne.
> [Inv. gén. 923]   B 2624

43. Delisle (Nicolas) et Buache

Carte de Nicolas Delisle et de Buache, portant le tracé de la route de l'amiral espagnol de Fonte en

1640, pour s'ouvrir un passage entre l'Asie et l'Amérique avec différents mémoires qui lui sont relatifs. Manuscrits autographes de Delisle, de Buache et d'autres. — In-fol. ms.

> 1. (Carte sans titre, en noir et au lavis), 0, 50 × 0, 40. — 2. Observations géographiques et physiques pour servir à confirmer ce que la carte des Découvertes du Nord de la mer du Sud offre de plus particulier, 2 may 1753. — 3. Assemblée publique de l'Acad. R^{le} des Sc. le 2 mai. Extrait du mémoire de M. Buache. Mercure de juin 1753. — 4. Quelques notes sur la prétendue Relation de l'Amiral Fonte traduite et publiée avec le Mémoire de M. de l'Isle du avril 1750. — 5. Rapport de M. le Comte S. G^d Maitre des Ceremonies de l'Imperatrice de toutes les Russies qui a sejourné long-tems en Siberie. Octobre 1752 à Paris.
>
> Ge FF 9370

44. Jolivet (Jean)

La carte généralle du pays de Normandie, par M. Jan Jolivet pbre. — (S. l.), 1545, 1 feuille 1 m. 370 × 0,920.

> Ms. sur vélin. Cette magnifique carte est remarquable pour son exécution et son exactitude. L'auteur a figuré au large, avec toute la minutie d'un habile peintre de marine, la flotte de François I". C'est la plus ancienne des cartes particulières de la Normandie. M. G. Marcel en a publié une reproduction photographiée, au tiers de la grandeur de l'original, dans le *Bulletin de la Société normande de géographie*. — Rouen, avril 1900, in-8 [Ge FF 258]. Une notice, qui devait accompagner la reproduction, n'a pas paru.
>
> Ge A 79

45. Anonyme

[Campagnes de Louis XIV pendant les années 1674, 1675, 1676 et 1677 en 4 vol. in-4, manuscrits, reliés en maroquin, aux armes de France fleurdelisées et ornés de nombreux plans, ordres de marches, batailles et cartes. Le volume de l'année 1675 est seul exposé].

> C 4915

46. Louis XVI

Carte de Cherbourg et des environs depuis l'anse de Nacqueville, jusqu'au port du becquet, inclusivement. — 1 feuille ms. en couleur 0,460 × 0,285.

> Echelle de 2.000 toises. Carte autographe faite par Louis XVI enfant, avec la signature du roi à la suite de cette note ms. qui se trouve dans le bas, à droite : « Monsieur Cassini sera consulté sur l'effet des paysages et sur celui des teintes. L. » Trouvée dans les papiers de Cassini elle est portée sur un catalogue écrit de la main de celui-ci comme étant faite par Louis XVI. Le volume contient en outre une caution ms. donnée le 10 décembre 1790 et signée : Delamare.   C 3222
>
> Inv. gén. 964.

47. Louis XV

Cours des principaux fleuves et rivières de l'Europe. Composé et imprimé Par Louis XV. Roy de France et de Navarre. En 1718. — A Paris, Dans l'Imprimerie du Cabinet de S. M. Dirigée par J. Collombat,... 1718, in-8.

> Volume rare et tiré à petit nombre pour être donné en présent. Voir : Omont (H.). « L'Imprimerie du Cabinet du Roi au château des Tuileries sous Louis XV (1718-1730). — Nogent-le-Rotrou » (1891) in-8 [8° Z 9463 (17)]
>
> Louis XV avait 8 ans lorsqu'il composa ce livre.   Ge FF 9368

48. Lapie

Carte comparée des Régences d'Alger et de Tunis dressée par le chevalier Lapie,... — Paris, Ch. Picquet, 1829, 1 feuille 0,103 × 0,710.

> Pliée in-8 dans un emboîtage aux armes du roi de France, cette carte fut offerte à Charles X au moment de la prise d'Alger et trouvée sur sa table de travail le soir du 30 ou 31 juillet 1830. — Don de Mme veuve Schneider.   Ge FF 333

49.   **Anonyme**

[Atlas hydrographique portugais, manuscrit, sur vélin, du XVI• siècle, composé de 20 cartes avec enluminures. Il appartint à la duchesse de Berry et fut acheté en 1837 à la vente de la bibliothèque de Rosny. Petit in-fol.]

1. Typus orbis terrarum. — 2. Europe. — 3. Espagne, Côtes occidentales nord de l'Afrique. — 4. Nouvelle France. Terre-Neuve. — 5. Antilles. Nord de l'Amérique méridionale. — 6. Afrique occidentale. — 7. Partie orientale de l'Amérique méridionale — 8. Côtes du Brésil. — 9. Partie occidentale de l'Afrique. — 10 Partie méridionale de l'Afrique orientale. — 11. Côtes de Mozambique et partie de l'Inde. 12. Partie de l'Afrique orientale, l'Arabie et l'Inde. — 13. Inde, Indo-Chine et îles du Grand Océan équinoxial. — 14. Chine et Japon. — 15. Cambodge, Java major, Bornéo, Nouvelle-Guinée. — 16. Nouvelle-Guinée. — 17. Californie et partie de la Nouvelle-Espagne. — 18. Côtes du Pérou. — 19. Côtes méridionales de l'Amérique du Sud. — 20. Amérique centrale, Antilles et Floride.   [B 1764]

Inv. gén. 933.

50.   **Anonyme**

Programmes, Cahiers, Cartes pour les leçons géographiques des quatre fils du Dauphin, fils de Louis XV. Manuscrits autographes de Buache et de l'abbé d'Argentré, directeur des études. — In-4.

Ce recueil aussi intéressant que curieux compte 125 feuillets de texte. On y trouve notamment :

Pp. 6-12. Placet présenté en 1735 au cardinal de Fleuri, par Buache.

Pp. 16-27. Autres placets présentés en 1751, en 1755 et en 1756 par Buache, au ministre d'Argenson.

Pp. 32-37. Lettre de Buache au comte d'Argenson, année 1760. Programmes de géographie destinés au duc de Bourgogne.

Pp. 40-53. Mémoires, lettres originales de Buache, de Mentelle, minutes de lettres, concernant la proposition d'appliquer à l'enseignement géographique des élèves de l'école militaire, la méthode employée pour le duc de Bourgogne.

Pp. 41-46. Mémoires ou Lettres à M. D'Aubigny au sujet des Cartes dressées pour l'usage de Mgr le Duc de Bourgogne.

Pp. 56-69. Cahier des noms des villes de la France destiné aux cartes des princes.

Pp. 57-69. Liste des Noms de Villes et Lieux remarquables, sur chaque Gouvernement de la France, à l'usage des Princes par M. D'Argentré.

Pp. 72-76. Cahier d'observations et rectifications faites par Buache, sur la carte du duc de Berry, année 1767.

Pp. 78-87. Mémoire des cartes dressées par Buache pour le Dauphin, année 1735; pour le duc de Bourgogne, le duc de Berry, le comte de Provence et en 1768 pour le comte d'Artois.

Pp. 91-97. Table des cartes des provinces de la France, faites pour le Dauphin et le comte de Provence, année 1768.

Pp. 101-108. Autre table des cartes des provinces de la France, faites pour le Dauphin, le comte de Provence et le comte d'Artois.

Pp. 111-117. Dessin de carte et carte de la Savoie et du Piémont, en partie écrite par le comte d'Artois, année 1770.

Pp. 121-125. Dessin de carte de la République de Venise, du Milanez, des duchés de Parme et de Modène pour le comte d'Artois, année 1770.

Sur ce recueil on peut consulter : « Les deux Buache et l'éducation géographique de trois rois de France (Louis XVI, Louis XVIII, Charles X) par L. Drapeyron. — Paris, Delagrave, 1888 », 8 Ge FF 543

Inv. gén. 962   [C 3223]

51.   **Oliva (Franciscus)**

[Portulan de la Méditerranée, sur vélin, orné de nombreuses figures d'hommes, d'animaux, de vues de villes et de pavillons. A l'une des extrémités une vierge assise tient l'enfant Jésus. Au dessous on lit : « Franciscus Oliva fecit in nobile ulbe Messane anno 1603. »] 1 feuille ms. 0,970 × 0,550.

C 18307

52.   **Barlæus (Caspar)**

S. Salvador. — 1 feuille 0,360

Tiré de : Barlæus. Rerum per octennium in Brasilia... nuper gestarum
sub præfectura illustrissimi Comitis J. Mauritii... historia. — Amstelodami, Blaeu, 1647, in-fol.

Ge DD 349

53.   [Munster]

[Carte de la France tirée de
Munster. Milieu du xvıᵉ siècle. En
tête de la légende, rédigée en latin
et en français, on lit : « Ausslegŭg
etlicher gemeiner wörter/bergē wäs-
sern/und stätten.' » — 1 feuille
0,350 × 0,260.

C 1976

54.   Anonyme

Il vero dissegno della fortissima citta di Buda metropoli di
Hungariæ parte presa et parte assediata come nel disegno si vede
questo anno 1602. — In Venecia
Donuto Rasciotti formis, 1 feuille
0,330 × 0,260.

Ge D 1965

55. Artischowsky (Christoff)

Eroberúng der Vestung Povaçon
zú Porto Calvo ín Brasilia, durch
Graff Joh. Mauritz von Nassaú General ín Brasilien im Februario
und Martio Anno 1637. Gezeichnet
durch Colonel Christoff Artischowsky. — (S. l.), 1 feuille 0,360 ×
0,270.

Ge D 1898

56.   Anonyme

Vue de Ponta Delgada (Açores)
en décembre 1866. — 1 feuille
0,480 × 0,140.

Photographie.   Don 4010 *bis*

57.   Perrot

Carte de l'île de Sainte-Hélène,
dressée par A. M. Perrot.   A

Paris, chez Genty, 1815, 1 feuille
0,320 × 0,240.

C 19199

58.   Anonyme

Plan de Metz avec ses environs.
— (S. l. n. d.) 1 feuille ms. 1 m. 38
× 1 m. 50.

Milieu du xvııᵉ siècle.

Au verso on lit cette note ms. « 344.
Commission des arts du Dépᵗ
de Seine-et-Oise. Extrait de chez
Caramant au château de Roissi.
Dist. de Gonesse. »   Ge A 46

59.   Roubier

Plan Relief des Environs de Lu-
zech-Uxellodunum, ordonné par
S. M. l'Empereur, pour son Ouvrage sur les Guerres de César exécuté sous la Direction du Général
Blondel levé par le Capitaine Roubier, modelé par Karl Schrœder fils
Fondu par Miroy frères. Premier.
Specimen de Plan en fonte de zinc,
soumis à la Société de Géographie,
destiné à l'Usage des Aveugles. —
1 pièce en relief 0,230 × 0,290.

Ge A 68

60.   Tardieu (J.-J.)

Plan du jardin et de la maison du
citoyen Caron de Beaumarchais
près de la Bastille à Paris [Signé] :
J.-J. Tardieu. — (S. l.), 1795,
1 feuille 0,370 × 0,250.

Au-dessous du plan se trouvent la
vue du petit temple de Bacchus et
celle du côté de la maison.

Ge D 1620

61.   Anonyme

Guitnes. — 1 feuille 0,215 ×
0,165.

Vue ancienne de Guines qui fut jadis
une des plus fortes places de la
Picardie. Ses fortifications ont été
ruinées par les Espagnols en 1673.

Ge F 1130

62. Olives (Bartolome)

[Carte de l'Europe, de la Méditerranée et d'une partie de l'Afrique et de l'Asie. Manuscrite sur vélin, avec une figure représentant l'Assomption de la Vierge ; elle est signée : « Bartolome Olives mallorquin En missina En el Castillo del Salvador año 1584. »] 1 feuille 1,050 $\times$ 0,690.

> Provient d'un échange fait avec les Archives de l'Empire en 1865.

C 18774

63. Langren (Florent. a)

[Globe sans titre, monté en bois ; méridien en cuivre. Nombreuses légendes en latin relatives aux productions, aux mœurs et aux découvertes. Plusieurs cartouches représentent les peuples, les personnages allégoriques et les productions. XVIᵉ siècle. Il porte cet avis aux lecteurs : « Lectori S. — Quando, quidem quotidiana diversarum Nationum, præcipue tamen Hollandorum navigatione, omnes mundi plagas perlustrantium, varii orbis tractus, remotæ insulæ, et quamplurima Regna, hactenus incognita nunc in dies innotuere, et quæ fuere cognita maiori studio et situs observatione perlustrata sint, Prodit hic noster Globus multo (præcedentibus a nobis editis, qui primi in his provinciis prodierunt) accuratior et emedatior... Vale et fruere. Auctore Arnoldo Florentio à Langré Reg: Cat: Maᵗⁱˢ Cosmographo et Pensionario. »

Inv. gé. 5

64. Cointeraux

Paris tel qu'il est aujourd'hui (Par) le Cit. Cointeraux au Château de Vincennes près de Paris, l'an VII, Mathieu sculp. — 1 feuille 0,440 $\times$ 0,290.

Imprimé sur peau de chamois. A gauche est une colonne d' « Observations » avec un avis donnant le nom de l'auteur. Ce plan, très important pour l'histoire de Paris pendant la période révolutionnaire, est intéressant aussi par le tracé ms. qu'il porte d'un projet de transformation des Tuileries. Bien qu'il ait la même disposition typographique, le même titre, la même date, la même légende il diffère entièrement de celui qui accompagne le livre intitulé : « Paris tel qu'il était à son origine, Paris tel qu'il est aujourd'hui. Par le citoyen Cointeraux. — Paris, an VII » in-18 [LK⁷ 6047]. C'est une édition postérieure.

Ge D 1746

65. Anonyme

[Portulan portugais donnant la partie méridionale de l'Amérique du Nord et toute la côte occidentale de l'Amérique du Sud. Le détroit de Magellan y est représenté. Manuscrit sur vélin, avec couleurs. XVIᵉ siècle.] — 1 feuille 0,540 $\times$ 0,780.

[Inv. gén. 1021]

C 3221

66. Anonyme

Le grand Sceau d'Angleterre, 1651 et 11 médailles rappelant des sièges et des batailles (Russie et Pays-Bas). — Moulages en plâtre.

Inv. gén. 190

67. Anonyme

Plaque de cuivre trouvée à Belida par M. Prosper Gérardin, secrétaire interprète de l'expédition d'Afrique, offerte par M. Bessas Lamégie, Maire du Xᵉ Arrondissement de Paris. — 0,270 $\times$ 0,510.

> En arabe. Cette planche contient des passages du Coran et le dessin du tombeau de la Mecque. Elle est entrée à la Section en 1835; il en a été tiré 4 exemplaires pour le service de la Bibliothèque.

Inv. gén. 347

68. Gauthey

Carte du canal de communication des Mers par le Charollois Joignant

la Loire à la Saône le long des Rivières de Bourbince, de Dheune et
de Thalie, Dessiné et gravé d'après
les plans de M. Gauthey, Ingénieur
par F. Pourcher son Neveu. — (S.
l.), 1782, 1 feuille 0,450 $\times$ 0,210.

Avec un portrait de Louis XVI.
Cette carte est à comparer avec le
relief exposé sous le n° 192.
GeD 475

69. Palloy

Plan de la Bastille. — S. l. ni d.)
1 feuille 0,515 $\times$ 0,760.

Au-dessous du titre on lit : « Dans
la première origine cette Forteresse étoit l'entrée de la Ville et ne
consistoit qu'en deux Tours cons-
truites sous le Regne du Roi Jean ;
par la suite on éleva deux autres
Tours de retraite en face et paral-
lèles aux premières : sous le Regne
de Charles V et sous le Regne de
Charles VI, l'an 1383, cet Edifice fut
entièrement achevé. On y ajouta
quatre nouvelles Tours et il fut
doné à cette Forteresse le nom de
Bastille : sous le Regne de Louis
XIV les Fossés et Fortifications
furent reparés, les Boulevards
continués et tout cela aux frais des
Bourgeois de Paris, sous le Regne
de Louis XV, l'Etat-Major fut construit. C'étoit enfin le Tombeau
d'une foule innombrable de Vic-
times du Despotisme. Ces Tours
étoient couvertes de canons et
sembloient menacer Paris de l'hu-
meur des Ministres, et sous le Regne de Louis XVI la prise en fut
faite le 14 juillet 1789 par les Bourgeois de Paris et les Gardes-
Françaises, la proclamation de la
Démolition en fut donnée par les
Electeurs assemblés à l'Hôtel-de-
Ville qui ont nommé Messieurs
Jalliers de Savault, de la Poisse et
Moutizon tous trois Architectes
Electeurs nommés Ingénieurs Na-
tionaux pour présider à ladite
Démolition, et Démolie par P. F.
Palloy, Patriote et M™ Maçon qui
en a levé ce Plan et l'a donné aux
83 Départemens du Royaume, le
14 juillet 1790. » Dans l'angle su-
périeur, à droite, on lit cette dédi-
cace ms : « Donné à M. l'abbé
Grégoire, député à l'assemblée
Nationale et vice-président par
son serviteur Palloy patriote. »
Carton aigle 59

70. Anonyme

Plan de la circonvallation de
Paris. — (S. l. ni d.), 1 feuille
1,100 $\times$ 0,870.

Ms. en couleurs. Vers 1788. Il indique
la position des anciennes barrières
et la nouvelle enceinte. Au-dessous
du titre on lit : « La ligne jaune
sur les parties teintes en verd,
corespondante aux points noirs,
presente la position des anciennes
barrieres ; et la ligne bleue, la nouvelle Enceinte. — Les parties teintes
en verd, sont les terreins, sujets
à l'Entrée, et les maisons qui s'y
trouvent sont en couleur rouge.
— Les parties taillables, sont en
jaune, et les maisons qui s'y
trouvent, sont également en noir.
Les parties teintes en verd, au delà
de la nouvelle Enceinte, qui doivent être reünies, au territoir
taillable, contiennent en superficie
1881 Arpens 67 Perches. Et les parties teintes en jaune que ren-
ferme la nouvelle Enceinte qui
doivent être reünies à l'Entrée
428 Arpens 90 Perches, différence
1452 Arpens 77 Perches. » C 5917

71. Viegas (Gaspar)

[Portulan ms. en couleur, de
l'Archipel grec. Première moitié
du xvi° siècle. Est attribué à Gaspar
Viegas.] 1 feuille. 0,73 $\times$ 1,03

Cette carte est entrée à la Bibliothèque en janvier 1865 à la suite
d'un échange avec les Archives de
l'Empire. C 18777.

72. Lartigue

[Carte muette de l'Europe peinte
sur un carton à section sphérique
et signée : « P. Lartigue Ingénieur
hydrographe. »] Diamètre 0,710.

Donnée par M. Surmulet en nov.
1832. A 580

73. Villarroel (don Domingo de)

[Carte manuscrite de la Méditer-
rannée, sur vélin, en couleur et or
avec figures et ornements. Elle est
signée : « Don Domingo de Villar-
roel Cosmographo de su Magsta
me fecit in civitate Neapolis 1589.»]
1 feuille 0,680 $\times$ 0,970.

Ce cartographe, qui vécut en Italie,
n'était probablement pas né en

Espagne car Fernandez de Navarrete ne le cite pas dans sa « *Bibliotheca maritima española* ». Stevenson « Portolan charts with a list of those belonging to the Hispanic Society of America. — New-York, 1911 » 8° [Ge FF 12311] lui consacre une notice et donne la reproduction en héliogravure d'une de ses cartes.

A 581

74. Oliva (Jean et François)

[Portulan de la Méditerranée sur vélin, en couleurs, avec vues de villes, figures d'animaux, et pavillons. En tête est représenté un Christ en croix, au dessous duquel on lit : « Joannes et franciscus Oliva fratres fecerunt in nobile urbe Messane. » Commencement du xviie siècle.] 1 feuille 0,570 $\times$ 0.860

Inv. gén. 1051

75. Ptolémée

Tabula quarta Africæ. — (S.l. ni d./, 1 feuille 0,520 $\times$ 0,350.

Tiré du Ptolémée imprimé à Strasbourg en 1520.   Don. 4611 (22)

76. Luchini (Vincent)

Hispania que & Iberia in ulteriorē dividit ac citeriorem : illa provincias continet Castiglam, Bethicam que nunc Andaluzia, Cantabriam seu Vizcaiam, Navarrā, Asturias & Lusitaniæ portionē que nunc Portogal. Hec nempe citerior que Taraconēsis pars est, 3 continet regna. s. Aragonem, Valentiam, Catalauniam. — Romæ, Vincentij Luchini æreis formis, ad Peregrinum, 1559, 1 feuille 0,590 $\times$ 0,460.

B f x.

77. Forlani (P. de)

Paulus de Furlani Veronēsis Dno Jo. Bapte Veculiano, causidico Verone Descriptionē hanc totius

Germanie illius celebratissimi cosmographi D. Iac. de Gastaldis nupime ut amē editan tibi dedicare sp : volui pcurator optime ut ex hac tuū inme amorē ospicere posses hanc igitur suspice ut sub tuo felici nomine diu vivere possit. 1562. — 1 feuille 0. 440 $\times$ 0. 320.

Æ 2.

78. Anonyme

Carte de la Capitainerie Royale de Blois. — (S. l. n. d.) 1 feuille 0,560 $\times$ 0,500.

Manuscrit en couleurs, xviiie siècle
Ge D 4521

79. Gomboust

Lutetia-Paris. Par Jacques Gomboust. — Paris, rue neuve S. Honoré, pres S. Roch a l'hostel du S. Esprit Et au Palais en la Galerie des Prisonniers, 1652, 1 feuille 1,810 $\times$ 1,520.

Édition originale.
Aux 4 angles figurent : les armes de la ville, celles de M. le Mareschal de l'Hospital, gouverneur de Paris, celles de M. Le Febvre, prevost des marchands et celles de M. de St Brisson, prévost de Paris.
En tête, à gauche, « Paris veu de Montmartre » ; à droite « La Galerie du Louvre » ; dans la bas, à gauche, « Maisons royalles et remarquables aux environs de Paris, Monceaux, Villers-Cotrait, Chantilly, Fontainebleau, Limours, Bois-le-Vicomte, Escouan. » à droite, vues de « Madrid, Versailles, Ruel, Sainct-Germain, Vincennes, Bisestre, Acq. d'Arcueil. »
Au-dessous du plan une série de petits cartouches représentent : Anet a. M. de Vandosme. — Dampierre à M. de Chevreuse. — Rosny à M. de Sully. — Nanteuil à M. de Schomberg. — Bury Rostaing a M. de Rostaing. — Maison a M. de Maison. — Pont-les-Caves a M. de Chavigny. — Covrances a M. Gallard. — Le Rincy a M. Bordier. »
C 13639.

80. Anonyme

Plan de la ville de Pondichery

assiégée par les Anglais en 1778.
1 feuille 0,570 × 0,500.

Ms. au lavis.   Ge D. 3336.

81.   Dode

Plan de Genève. lavavit dode
1793, 1 feuille 0,580 × 0,420.

Ms. en couleurs.   Ge D 1877.

82.   Anonyme

Plan de la ville de Thrishna-
paly. — Plan de la Pagode de Shiringam. — Topographie du Pais voi-
sin de Trishnapaly et de la fameuse
Pagode de Shiringam avec partie
du cours du Cavery et du Kobram
et l'Isle de Shiringam formée par
ces deux fleuves. 1764. 1 feuille
0,630 × 0,460.

Ms. au lavis.   Ge D 3368

83.   Bourgoin (Pierre)

Seconde Partie de la Carte
Generalle du Cours des Rivières de
Delle et d'Ardon... Pour la mémoire
de tres haut et tres puissant Seigneur Messire Louis Asset de Cler-
mont de Tonnerre Evesque Duc de
Laon second pair de France, Comte
d'Anisy, Abbé commandataire de
l'Abbaye Royalle de Saint-Martin
de-Laon. Levée et dessinée sur les
lieux par Pierre Bourgoin. 1712.

Carte ms. en couleur. La première
partie est exposée sous le n° 107.
C 19901

84.   Lartigue

Italie, par Lartigue. — 1 feuille
0,320 × 0,320.

Ms. en couleur. Commencement du
xix° siècle. Don de M. Surmulet
en nov. 1832.   A 578

85.   Gramolin (Ioalvise)

[Carte marine de l'Archipel grec
et de la mer de Marmara. Elle est

signée : Ioalvise Gramolin da Venetia fecit ano 1624]. 1 feuille ms.
sur vélin 1,070 × 0,650.

Ge B 550

86.   Anonyme

[Carte chinoise représentant
plusieurs provinces de la Chine
orientale avec l'île de Formose.]
1 feuille 1,450 × 1 m.

C 14947

87.   Berthelot (Sabin)

Relief topographique de l'île de
Ténériffe exécuté d'après la Carte
publiée par Sabin Berthelot, Un
des auteurs de l'Histoire naturelle
des Iles Canaries. — Paris, 1846,
0,870 × 0,610.

Relief sous verre.
Inv. gén. 101.   C 9270

88.   Anonyme

Relief des Niederwalds bei
Bingen. — Frankfurt a. M., Geo-
graphisches Institut, 1839, 1 pièce
0,180 × 0,150.

Relief en couleur. Sous verre.
Inv. gén. 115.   C 2851

89.   Anonyme

Sphère en cuivre, montée sur
pied, et représentant le système de
Copernic (mouvement des planètes
autour du soleil). xviie siècle.

Inv. gén. 20.

90.   Bald (William)

Model of Clare Island On the
West Coast of Ireland Latitude
53°49'32" Longitude 9°55'55" by
William Bald F. R. S. E. Member
of the Royal Irish Academy And of
the Geological Society London. —
0,540 × 0,880

Relief sous verre.
Inv. gén. 116.   A 20

91. Behaim (Martin)

Globe terrestre de Martin Behaim.
1492.

> Copie en couleur du célèbre globe qui se trouve à Nuremberg. La découverte de l'Amérique n'y figure pas, le globe ayant été terminé pendant le voyage de Colomb.
> Voir : Murr (Christ. de). « Histoire diplomatique du chevalier portugais M. Behaim, avec la description de son globe. — Paris, 1802, » 8°
> Pigafetta. « Premier voyage autour du monde. — Paris, an IX, » in-8, (Ge FF 4849).
> Ravenstein. « Martin Behaim, his life and his globe, — London. Philip, 1908 », in-fol. [Ge DD 2217.

Inv. ge. 7.

92. Pleninger (Andreas)

Calendarium perpetuum. Andreas Pleninger elaborabat Ratisbonæ anno reparatæ salutis 1603, 1,340 $\times$ 1,350.

> Table cosmographique et gnomonique gravée sur pierre lithographique. Elle est entourée d'un encadrement plat en mosaïque de bois. Elle était autrefois fixée sur une table à 4 pieds sculptés.
> Inv. général, n° 39.   (C 2033)

93. Langren (Florentz de)

Carte géographique d'une Grande-Partie du Comté d'Hainault comprenant Une Partie du Cambrésis, et Pais d'Autrewant, et les Prevostes de Mons, Binch, Maubeuge, Bavay, et Quesnoy. Dedie A Son Alteze Serenissime Louis de Bourbon Prince de Condé, Premier Prince du sang, Premier Pair et Grand maistre de France, Duc d'Anguien, Chasteauroux, Montmorency, Albret et Fronsac, Gouverneur et Lieutenant General pour le Roy en ses Provinces de Guienne, et Berry, Generalissime des Armees de sa Maieste, Par le tres humble, tres obeyssant Serviteur Florentz de Langren. — 1 feuille ms. en couleur 1,57 $\times$ 1,11.

1″ moitié du XVII° siècle.   Ge A 37

94. Bauerkeller

La Suisse et les pays limitrophes par Bauerkeller. — Paris, Bauerkeller, 0,660 $\times$ 0,500.

> En regard du titre français, il y a un autre titre en allemand. La hauteur des montagnes est augmentée au quadruple.
> Relief en couleur ; sous verre. — 1842.
> Inv. gén. 175   D L 189/1842

94 bis. Bauerkeller

Ile Sainte-Hélène en relief. — Paris, Bauerkeller (s. d.), 0,230 $\times$ 0,020.

> Ce relief a été exécuté avant le transfert des cendres de Napoléon; il indique l'emplacement du tombeau.

95. Anonyme

Sphère en cuivre, montée sur pied, et représentant le système de Ptolémée (mouvement du soleil et de la lune autour de la terre). XVII° siècle.
Inv. gén. 19

96. Schrœder (Karl)

Plan en relief des Alpes Françaises et du Jura, comprenant la partie Sud-Est de la nouvelle Carte de France au Dépôt Général de la Guerre, à l'échelle de $\dfrac{3}{1.600.000}$ pour les distances horizontales et de $\dfrac{1}{100.000}$ pour les hauteurs au-dessus du niveau de la mer ; modèle en cire plastique (pendant les années 1860 et 1861) par Karl Schrœder, né à Paris le 15 février 1847, ancien élève de l'Ecole Turgot. — 0,610 $\times$ 0,840.

Don 7173

97. Anonyme

(Tunis. Perspective cavalière d'une entreprise sur Tunis par les

Espagnols, le 28 février 1570). — S. l. ni d.), 1 feuille 0,520 × 0,380.

En haut du plan, on lit : « Castello » ; dans le bas, au milieu : « Fortezza della Goletta. » Une notice de 13 lignes occupe le bas du plan, à gauche. Ge D 1280

98. **Anonyme**

Rade de Cherbourg. (S. l. n. d.) 1 feuille 0,380 × 0,195.

Ms. en couleur. Échelle de 2 lignes pour 100 toises. C 10922

99 **Anonyme**

[Jeu japonais pour arriver à Myako.] — 0,590 × 0,390.

Première moitié du xixᵉ siècle. Ce jeu représente divers petits sujets en couleur disposés les uns en dessous des autres : il rappelle notre jeu de l'oie. C 12614

100. **Anonyme**

Routte de poste de Bordeaux à Paris. — (S. l. ni d.) 1 feuille ms. 0,45 × 1,70. Milieu du xviiiᵉ siècle.

Les ouvrages sur cette route commencent à la Porte Saint-Germain de Bordeaux et sont continués jusqu'à la poste de Peyrebrune à 8 lieues de Bordeaux. Roul. 312

101 et 108. **Anonyme**

Tablettes en marbre, enchâssant une mappemonde terrestre et une mappemonde céleste dessinées sur plâtre. Le dessin est attribué à Louis XVI.

102. **Muller**

Carte de Bohême extraite de celle de Muller. — (S. l. nid.), 1 feuille 0, 290 × 0,210.

Imprimée sur peau. Antérieure à 1845. C 9007

103. **Prunes (Matheus)**

[Portulan ms. sur vélin, avec enluminures, donnant les côtes de l'Afrique depuis la Gambie, célles de la Méditerranée et de l'Europe occidentale de l'Europe jusque, et y compris, l'Islande. Dans le haut, à droite, on lit : « Matheus prunes in civitate maioricarū anno 1586. » — 1 feuille 0, 700 × 1, 070.

Acheté de M. Advielle en 1876. Inv. gén. 1040

104. **Iager (P.-J.)**

Table géographique offrant tous les renseignements que peuvent fournir les Atlas et les Sphères pour l'étude, la démonstration et les recherches géographiques. P.-J. Iager, constructeur breveté, 4, rue Belhomme Montmartre Paris. — 1862.

Cette table est montée sur un pied en bois sculpté. Hauteur : 1 m. 16; diamètre : 0, 80. Elle représente les diverses parties du monde et est munie de deux règles mobiles qui tournent sur un pivot. En portant ces règles sur les parties de la graduation de la carte, on obtient la concordance des heures et de la longitude. — Donné par l'inventeur en 1862. C 18296.

105. **Cabot (Sébastien)**

[Mappemonde, par Sébastien Cabot, 1544.] 1 feuille 2,180 × 1,250.

Seul exemplaire connu. A gauche et à droite de cette carte on trouve, en latin et en espagnol, une longue légende où il est dit que Jean et Sebastien Cabot abordèrent sur le nouveau continent en 1494.

Sur les Cabot on peut consulter entre autres les ouvrages suivants :

A memoir of Sebastien Cabot with a review of the history of maritime discovery. — London, 1831, 8°. Ge FF 1038

Id., 8° 2ᵉ éd. (by Biddle). — London 1832, Ge FF 10134

N. E. Dionne. — John and Sebastien Cabot. — Québec 1898, 4°, p. Ge FF3678.

C. R. Beazley. John and Sebastian Cabot, the discovery of North America. — London, 1898, in-16. Ge FF 3683

H. Harrisse. Jean et Sébastien Cabot. Avec origine et leurs voyages. Ge FF 346-352

I. Toribio Medina. El veneciano Seb. Cabot al servicio de Espana. —

Santiago de Chile, 1908, 2 vol.
grand in-4°   Ge FF 11738
Barrera Pezzi. Di G. Cabotto, rive-
latore del settentrionale emisfero
d'America. — Venise 1881, 8° 50 p.
La Section en possède une reproduction photographique exécutée
en 12 feuilles par M. Sauvanaud.
          Ge DD 2092
Jomard, dans « les Monuments de
la géographie » [Ge CC 1232] en a
donné une reproduction imprimée.

106.   Anonyme

L'une des Maisons de Cam-
pagne de l'Empereur de la Chine
aux environs de la Ville de Pékin.
Gravure chinoise imitant le mécha-
nisme d'un dessin qui seroit fait à
la plume, et qui n'est decelé que
par les lignes monotones formant
les eaux. — 1 feuille 2, 150 $\times$ 0,390.

  Donné par M. Beguillet-le-Jeune, de
    Dijon, en 1779.
  Inv. gén. 498.

107.   Bourgoin (Pierre)

Première Partie de la Carte generalle du cours de la Rivière de
Dellette, depuis son Embouchure
dans l'Oise, a Manicamp, jusqu'a
Anisy, et des Marais y joignants,
pour parvenir au Dessechement
d'iceux, Levé et Dessiné sur les
lieux, par Pierre Bourgoin, en 1732.
1 feuille ms. en couleur 3 m, 31
$\times$ 1, 370.

  Au dessous du titre on lit encore :
    « Vue et verifié sur les Lieux
    [*Signé*] Baligand. »
  La seconde partie est exposée sous
    le n° 63.   C 19901

109.   Anonyme

[Les Hollandais et les Anglais son repoussés de Cadix le 30
juin 1596. — (*S. l. n. d.*), 1 feuille
0,280 $\times$ 0,195.

  Au bas de cette gravure on voit
    deux légendes explicatives ; l'une
    en hollandais, l'autre en français
          Ge D 1893

110.   Anonyme

[Creta] Sebastianus de Regi-

bus Clodiensis faciebat. — Romæ,
1559, 1 feuille 0,310 $\times$ 0,220.

          B d IV

111.   Anonyme

[Portulan ms. sur vélin, en couleurs. Il représente l'Europe, une
grande partie de l'Afrique et de
l'Ouest de l'Asie, avec un cartouche donnant l'ensemble du monde
connu. Grandes notes en latin.
Commencement du xvi° siècle. Der-
rière la carte cinq grands dessins
d'animaux divers.] — 1 feuille
0,70 $\times$ 1,110.

112.   Anonyme

Carte du Guipuzcoa sur la-
quelle se trouve Partie de la haute
Navarre, les frontières de France,
celle de la province d'Alaba et de
Biscaye, comme aussi les vallées de
Bastan, d'Areins, etc., le cours des
Rivières de Bidassoa, d'Oyarsun,
d'Urumea, d'Orio, d'Urola, de Deva,
et partie de celle d'Oyzaranzibia. —
(S. l. ni d.), 1 feuille 2,07 $\times$ 1,41.

  Ms. en couleur. Echelle de 3.000
    toises. (Par Roussel.)
  Inv. gén. 521.

113.   Dubois (J.)

Le Mont-Blanc et les vallées
qui l'environnent jusqu'au lac de
Genève par Jn Dubois. Bauerkeller et Cie Brevetés à Paris. — Genève chez Briquet et Dubois, 1842,
1 pièce 0,450 $\times$ 0,330.

  Inv. gén. 148   DL 191/1842

114.   Camus

Plan de Brest, des environs et
d'une partie de la rade. Dessiné par
Camus, sous-ingénieur de la marine
en 1782. — 1 feuille 0,620 $\times$ 0,490.

  Manuscrit au lavis.   C 5797 (378)

115.   De Fer

Les Jonctions des deux grandes
Rivières de Loire et de Seine par

          3

le Nouveau Canal d'Orléans et celuy de Briarre Extraict de l'original par Lofficial demeurant à Boyne en Gastinois 1698. Dediée et presentée à Son Altesse Royale Monsieur Fils de France, Frère unique du Roy et Duc d'Orléans. Par son tres humble et tres obéissant Serviteur N. de Fer. — 1 feuille ms. 0,660 $\times$ 0,390.

> Cette pièce originale a été gravée et publiée par de Fer. Un exemplaire se trouve au Pf 218 (n· 35).
> Inv. gén. 1082.

116. Garcia (M.)

Topographie en relief de la rade de Villefranche (Basses-Alpes) près de Nice. Exécutée en cire et moulée par M. Garcia. — (1845) 1 pièce 0,320 $\times$ 0,255.

> Relief en plâtre blanc. Sous verre.
> Inv. gén. 113.   C 8659.

117. Bardin

Ile de Porquerolles (rade d'Hyères.) Plan relief à une échelle de $\dfrac{1}{20000}$ Pour les distances horizontales et les hauteurs. — (S. l. ni d.), 0, 210 $\times$ 0, 400.

> Relief en plâtre blanc. Sous verre
> Inv. gén. 103.

118. Rath (Carl)

Wildbad, Teinac und deren Umgebungen von Carl Rath in Heilbronn. (s. d.) 0,440 $\times$ 0,460.

> Vers 1839. Relief en couleur. Sous verre.
> Inv. gén. 119.

119. Anonyme

Pars sancti Montis Athonos quæ spectat ad occidentem... [(et) ad orientem]. 1 feuille 0,820 $\times$ 0,500.

> (S. l. ni d.)
>   C 18570 (204)
> Avec un autre titre en grec. Dans le bas on lit : « Sumptibus Rever^{mi} abbatis domini Abbacum Adriani, et Revere di Sacerdotis, et monachi Pauli. — Cette curieuse carte gravée représente sur un seul plan le mont Athos vu sur deux faces.

120. Anonyme

Carte de tooutes les Côtes de terre ferme des Isles du vent Golphe de Mexique, ressifs, Sondes, Ances, Caneaux et Rivières nouvellement Corrigée de quelques Erreurs par l'Experience de différents Pilotes Pratiques. — 1 feuille ms. sur vélin avec couleurs, 1746, 0,830 $\times$ 0, 510.

> Inv. gén. 1076.   B 2497

121. Bardin

Ile de Porquerolles $\dfrac{1}{20.000}$, par Bardin.—(S. l. nid.), 0,210 $\times$ 0,400.

> Relief en plâtre blanc. Sous verre. Ce plan est surhaussé pour montrer l'effet résultant du changement de niveau de la mer.
> Inv. gén. 103

122. Lartigue

Relief de l'Amérique septentrionale. — 0,480 $\times$ 0,370.

> Inv. gén. 137

123. Toledo
(Don Diego Hermano di)

(Carte de l'Amérique septentrionale et méridionale.) — Venetia, apresso Simon Pinargenti, 1574, 1 feuille 0,670 $\times$ 0,520.

> La dédicace à Antonio Tognale porte: « Trovai ne i passati mesi in Venetia un don Diego Hermano di Toledo... Con cui venuto a ragionamento di molte cose e specialmente della geografia, egli mi offerse, in dono cortesemte, un disegno overo una particolar descrittione di tutte le navigationi del mondo nuovo... e poi di subito mi diedi ad intagliarla... Di Venetia, a di XIIII Decembre 1574 D. V. S. servitore affettionatissimo Paolo de i Furlani Veronese. »
>   Ge C 1216

124. Bellot (Joseph)

Plan de la Ville de Ballon, et Vue perspective de son Chateau dessiné de Mémoire par Jph Bellot, ingr présenté et dédié à Pierre Bellot par l'amitié. 1802, 1 feuille 0,610 ✕ 0,410.

Ms. au lavis. C 11349

125. Dufrénoy

Plan géologique et topographique du mont Vésuve. Échelle de 55555,5o. M. Dutrénoy, 1838, 1 pièce en relief de 0,450 ✕ 0,330.

Inv. gén. 117. C 8939

126. Barlæus (Caspar)

Boa Vista. — 1 feuille 0,420 ✕ 0,510.

Tiré de : Barlæus. Rerum per octennium in Brasilia... nuper gestarum sub præfectura illustrissimi Comitis J. Mauritii... historia. — Amstelodami, Blaeu, 1647, in-fol.
Ge DD 349

127. Anonyme

Pueblo de San Juan que e uno de los del Uruguay que se intentan entregar a Portugal. — (S. l. ni d.), 1 feuille ms. en couleurs, 0,860 ✕ 0,610.

Le titre ci-dessus est inscrit au verso de la pièce. On y lit aussi, d'une autre écriture : « Papeles tocantes a la entrega de los pueblos del Pe Carlos. » xviii' siècle. Ge C 2769

128. Rath (Carl)

Colonie Surinam in Süd-America, mit Angabe der Wohnplætze der Ureinwohner, etc., von Carl Rath in Heilbronn. (1840), 1 pièce en relief 0,460 ✕ 0,310.

Inv. gén. 121. C 2396

129. Rath (Carl)

Der Katzenkopf, das Murgthal und Baden, etc. von Karl Rath in Heilbronn. — (S. l. n. d.), 0,340 ✕ 0,435.

Relief en couleur. En dessous on a collé une notice imprimée qui donne le nom des localités et leur altitude au-dessus de la mer. — Vers 1839.
Inv. gén. 120. C 2394

130. Beaumont (Elie de)

Le mont Etna par M. L.-Élie de Beaumont. Echelle de 1/111111. — (S. l.), 1835, 1 pièce en relief 0,430 ✕ 0,410.

Don de l'auteur.
Inv. gén. 118.
C 8938

131. Anonyme

Imbarco della Serma Regina d. Ungheria nel bel porto d'Ancona su le galere Venetiane il di XXIIII genaro del MDCXXXI nel pontificato di N. S. Papa Urbano VIII. — Romæ Super. Permisum Sumptibus Dominici Castelli 1632 M. G. F: An. M.DC.XXXII. Vincentius Riccius Anconitanus Delineavit. 1 feuille 1,730 ✕ 0,560.

C 16920

132. Rosaccio (Aloisio)

Geografia della Toscana. [Signé]: Aloisio Rosaccio. — (S. l. ni d.), 1 feuille 1,000 ✕ 0,760.

Premières années du xvii' siècle.
Pf 30 (51)

133. Kummer

Le Mont Blanc. — (S. l. ni d.), 0,520 ✕ 0,420.

Relief en couleur. Sous verre. 1824.
Inv. gén. 134.

134. Hensellus (Godofredus)

Europa Poly-Glotta Linguarum genealogiam exhibens, una cum literis, scribendiq. modis, omnium. — Africa Poly-Glotta Scribendi Modos Gentium exhibens. — Asia Poly-Glotta Linguarum Genealogiam, cum Literis, scribendiq. Modis, exhibens. — America cum Supplementis Poly-Glottis. — 0,415 ✕ 0,355.

Au-dessous de chacune de ces cartes on lit : « Opera Godofr. Henselii delineata. Excusa prostat in Officina Homanniana.» Sur ces quatre cartes, au-dessous du nom latin des divers pays, l'auteur a donné une traduction du *Pater noster* imprimée avec les caractères typographiques de chaque langue.

135.   Jolivet (Joannes)

Vraie description des Gaules, avec les confins d'Allemaigne, et Italye. Joannes Jolivet inventor, 1570. — A Paris, par Marc du Chesne, rue Frementel, à l'Estoile d'or, 1570, 1 feuille 0,850 ✕ 0,550.

Inv. gén. 1035 *bis*

136.   Kummer (K., W)

Europa. — (S. l. ni d.) 0,420 ✕ 0,410.

Relief en couleur sous verre 1827. Inv. gén. 142

137.   Ravenstein

Relief du Taunus avec la ville de Francfort, et partie du cours du Main, par Ravenstein. — Francfort, 1833, 1 pièce de 0,490 ✕ 0,350.

Inv. gén. 112   C 2995

138.   Lafreri (Antonio)

Disegno dell Isola di Malta con li porti I forti, come al presente si vede, cavato dalli disegni mandati da Malta et insieme del Campo de infideli dal quale hora si troua assediata, I il tutto annotato per Alphabeto. — In Roma per Antonio Lafreri nel anno 1565. Con gratia et privilegio, 1 feuille 0,530 ✕ 0,380.

B 1708 (15)

139.   Anonyme

Cirnus sive Corsica insula est in mari ligustico, circuitus est 322 mil. passuū, vini et animalium feracissimi et gignit homines fortes ad labores et militiā. F. L. — (S. l. ni d.). 1 feuille 0,200 ✕ 0,305.

Milieu du xvi* siècle.   B 1708

140. Vau de claye (Jacques de)

[Carte ms. sur vélin, avec enluminures et donnant la partie septentrionale du Brésil, depuis la rivière des Amazones jusqu'à la rivière Reale. Sur une banderole qui enlasse le compas ouvert au-au-dessus de l'échelle, on lit] : « Jacques de Vaude claye m'a faict en Dieppe l'an 1579. » 1 feuille 0,580 ✕ 0,450.

Reconnaissance militaire pour une une expédition des français qui voulaient fonder une colonie au Brésil.
Voir Ch. de de la Roncière : « Une carte française encore inconnue du Nouveau Monde (1584). — Paris, 1910 », in-8° [Ge FF 11811].
Dans un demi-cercle dont les deux extrémités aboutissent à la côte on lit : « En cest enclos de ce demy rond de compas vous fournyres de 10.000 saulvages pour fere la guerre aux portugais et sont plus hardys que ceux de laval. » — Cette carte a été reproduite en facsimile dans : Rio Branco. « Frontières entre le Brésil et la Guyane française. Atlas contenant un choix de cartes antérieures au traité conclu à Utrecht. — Paris, 1899 ». gr. in-fol. pl. XXV. [Ge CC. 342].
C 15931

141.   Kummer

Der Harz. — (S. l. ni d.), 1 pièce 0,750 ✕ 0,520.

Relief en couleur sous verre.
Inv. gén. 111.

142.   Louis XVI

142 Reconnoissances des environs de Versailles. Faites par Mᵍʳ le Dauphin en 1769. — 1 feuille 0,970 ✕ 0,610.

Par Louis XVI alors Dauphin. Echelle de 1200 toises. Ms. en couleurs.   C 4349

143. Gijsberts (Evert)

[Portulan hollandais sur vélin, avec enluminures, donnant les côtes de l'Afrique orientale, de l'Asie méridionale, et les îles de l'Océanie Dans le bas, à droite, on lit : « Bij mij Evert Gijsberts soon Caert Schrijver Tot edam. » 1599.] — 1 feuille 0,950 × 0,740.

C 19798

144. Rath (Carl)

Stuttgart mit der Umgegend von Carl Rath. — Tübingen (s. d.), 0,350 × 0,340.

Relief en couleur. Sous verre. Vers 1837.
Inv. gén. 102. C 2397

145. Anonyme

Cadran arabe. — 0,42 × 0,42.

Sur bois. Il est tracé sur les deux faces. D'un côté le dessin et l'écriture sont en noir. On y lit l'ancienne cote : Inv. gén. 34 (*sic*). Sur l'autre le dessin est en noir. Les caractères de l'écriture sont en noir et en rouge. Cote : Inv. gén 43 (*sic*).

146. Méder

Vues des différents Modèles admis à l'Exposition universelle de 1855 à Paris, sous le n° 10152 Exécutés en relief par Méder, contremaître en Géomontographie. — 1 feuille 0, 320 × 0,380.

Contient : « Vue générale du projet de pont à l'entrée du Bosphore entre Constantinople et Scutari, au 10.000ᵉ de grandeur. Il pourra servir à l'établissement d'un Chemin de fer qui prolongera les lignes européennes jusqu'en Asie. Ce pont pourra être en pierre et en fer et assez élevé pour laisser passer les vaisseaux de ligne de premier rang à pleines voiles. — Vue du Modèle des 3 premières arches. (Côté de Constantinople.) Vue des 3 Arches du Pont fixe sur le Bosphore exécutées au 1000ᵉ de grandeur avec les vaisseaux de ligne qui sont en proportion avec les hauteurs des Arches. — Donné à la bibliothèque impériale par Meder, rue du Faubourg-du-Temple, 51, à Paris. » Ms.

Don 1690

147. Picigano (Januarius)

Fac-similé d'une mappemonde faite sous Philippe II, exécutée sur ivoire et ébène en 1597. Cette tablette faisait partie d'un meuble donné en présent par le roi. — 1 feuille 0,380 × 0,365.

Inv. gén. 1117

148. Roussin (J.)

[Portulan sur parchemin, avec enluminures, représentant la Méditerranée.] 1 feuille 0,600 × 0,410.

Dans l'angle supérieur, à droite, on lit : « Faict A Venetia Par If : Roussin. 1669. » Dans l'angle supérieur, à gauche, est une vue de Marseille.

C 4203

149 à 153. Schrœder (Karl)

[5 reliefs différents de Luzech (Uxellodunum), signés : « Karl Schrœder, 1862. » — 0,210 × 0,270.

Ge A 69

154. Bardin

Environs de Metz (N.-O.) — 1/10.000. Plan relief avec courbes de niveau equidistantes de 2 mètres — 1 pièce 0,30 × 0,30.

Par Bardin, 1858
Inv. gén. 105 C 16454

155. Bardin

Environs de Metz (N.-O.) — 1/10.000, Plan relief avec lignes de plus grande pente comprises entre les lignes de niveau équidistantes de 10 mètres — 1 pièce 0,300 × 0,300.

Par Bardin, 1858. C 16454
Inv. gén. 107.

156. **Bardin**

Environs de Metz. (N.-O.) — 1/10.000. Plan relief lavé à l'effet (lumière oblique). Avec cotes d'altitude. — 1 pièce 0,300 × 0,300.

Par Bardin, 1858.
Inv. gén. 106. C 16454

157. **Bardin**

Environs de Metz (N. O.) — 1/10.000. Plan relief lavé par teintes conventionnelles. Avec courbes de niveau équidistantes de 10 m. — Une pièce 0,300 × 0,300.

Par Bardin, 1858
Inv. gén. 108

158. **Bardin**

Environs de Metz (N.-O. — 1/10.000. Plan relief avec cotes d'altitude pour l'étude du figuré d'après un plan relief. — 1 pièce 0,30 × 0,30.

Par Bardin, 1858
Inv. gén. 109 C 16454

159. **Anonyme**

[Portulan portugais de l'Atlantique, sur vélin, en couleurs. xviᵉ siècle.] 1 feuille ms. 0.91 × 0.660.

Inv. gén. 217.

160. Mahé de la Bourdonnais

Carte des Indes ou les colonnie française son distingue par un fil blanc. — 1 feuille manuscrite 0,520 × 0,420.

Sous le titre, une note ancienne, écrite sur papier, à été collée. On y lit :

« Pendant sa détention à la Bastille, l'auteur écrivit en 1750 un mémoire pour se justifier et pour donner à ses juges une idée juste du local de son gouvernement et de celui de Pondichéry, ainsi que de l'indépendance réciproque et de la parfaite égalité de pouvoirs attribués aux deux gouverneurs, il y joignit la présente carte dessinée sur deux mouchoirs enduits d'eau-de-vie ; l'encre noire fut composée avec de la suie, et la brune, avec du marc de café ; un sou marqué, ajusté sur un morceau de bois, devint une plume. » B 1117.

161. **Hennequin (L.)**

Carte de France divisée suivant le Plan proposé à l'Assemblée Nationale par son Comité de Constitution Le 29 septembre 1789 par L. Hennequin Successeur de M. Robert de Hesseln Topographe du Roy. — 1 feuille 0,560 × 0,560.

Le titre ci-dessus est ms. et a été collé sur une carte gravée pour servir de modèle à l'imprimeur. Les limites des départements sont indiquées par des lignes en couleur et les départements sont numérotés, mais n'ont pas de noms. — Au bas du nouveau titre on lit : « Nᵗᵉ Les 3 seuls dépôts sont aux Ecuries d'Orléans par la rue de Chartres, au Club, et chez De Seune, libraire au Palais-Royal. »
Pf81

162. **Burnouf (Émile)**

Plan topographique et archéologique d'Athènes dressé à l'échelle 1/2.500ᵉ par Émile Burnouf, 1849-1871, 1 feuille ms. 1,255 × 0,910

Dans l'angle inférieur, à droite, est une « Carte des environs d'Athènes. Echelle 1/100.000ᵗ.
Inv. gén. 285.

163. **Anonyme**

[Portulan ms. sur vélin, en couleur. Fin du xvᵉ siècle. Au dos on lit : « Karte marine Carta marit. mediterranei et Oceani hispanici et Anglici. »] 1 feuille 0,910 × 0,690

C 4319.

164. **Pallotta (Philippus)**

Casteldavide sitiada, y rendida por el rey N. S. D. Phelipe. V, en 25 de Junio de 1704. Eques Philippus Pallotta, Sacræ Catholicæ Maiestatis Architectus inventor, et delineavit Matriti 1705, 1 feuille o, 600 × o. 440.

Manuscrit en couleurs. Ge D 3734.

165. **Anonyme**

Insulæ Archipælagi. — (S. l. ni d.)1 vol. fol.

> Ms. avec lettres ornées et en couleurs écrit au xv· siècle sur papier réglé et contenant dans le texte 78 cartes coloriées. A la fin on a ajouté les 3 cartes mss. suivantes qui semblent un peu plus anciennes que les précédentes : 1. Cretæ insulæ descriptio. 0,60 × 0,29. — 2. Isola Scorsicha 0,20 × 0,29. — 3. Sardinia insula aput latinos. sed grece Sardomsos vocatur. Sicilia latino nomië dicta de greco vocabulo Sichilia habita. 0,410 × 0,290.
> Cet ouvrage provient de la Bibliothèque de lord Guilford qui l'avait acquis à Florence en 1821. Inv. gén. 902   Ge FF 9351.

166. **Gomboust**

[Dédicace ms. et autographe avec signature de Gomboust. En regard la même gravée. C'est celle qui figure sur le grand Plan de Paris de 1652. Ce plan est exposé sous le n° 79.]

Ge FF 9374

167. **Anonyme**

Isole Che son da Venetia nella Dalmatia, et per tutto l'Arcipelago, fino à Costantinopoli, con il loro Fortezze, e con le terre piú notabili di Dalmatia ; nuovamente poste in disegno a beneficio de gli studiosi di Geographia. — In Vinegia, Appresso Simon Pinargenti, et compagni, 1573, in-fol.

> Contient 51 plans ou cartes.
> Ge FF 9373 (B. 2475).

168. **Anonyme**

Atlas des provinces du Japon. — 1 vol. petit fol.

En Japonais. Contient 36 cartes. Sur cet exemplaire on a transcrit en marge des cartes en caractères européens et à l'encre rouge les principaux noms géographiques japonais.
Donné en 1864 à la Section par l'Empereur Napoléon III.

Inv. gén. 168.   .   Don 3731.

169. LaBourdonnais (Mahé de)

Plan fait par M. de la Bourdonnais à l'encre de la Chine dessiné par lui meme dans ses Voiages. — 1 vol. in-4 composé de 10 feuillets mss.

Ge FF 13034

170. **Anonyme**

Relief des Vosges. — 0,290 × 0,200.

> Exécuté pendant le second Empire.
> C 21863.

171. **Anonyme**

[Carte historique de la Chine, imprimée en couleur, datée de 1801 et montrant, en 13 tableaux, les changements successifs de l'Empire Chinois sous les diverses dynasties.] in-fol. 0,350 × 0,400.

En chinois.

Inv. gén. 1707.

172. **Anonyme**

[Relief de la France; en plâtre, xixe siècle.] — 0,640 × 0,620.

Inv. gé. 199

173. **Anonyme**

[Carte complète des provinces du Japon, datée de 1837, 1 vol. 0,280 × 0,180.]

> En Japonais. Sur la couverture on a écrit en caractères français les noms des provinces. Cartes coloriées. Les noms japonais sont accompagnés d'une traduction ms. écrite à l'encre rouge en caractères français.
> Inv. gén. 1726

174. Buache

Mémoire sur le bassin de la Seine, demandé à Buache, par le prévot de Paris. Texte et dessin. — In-fol. ms. (s. d.), avec une carte et un Appendice.

> Postérieur à 1766. — L' « Appendice au bassin de la Seine » se compose de 4 pièces in-8 (1. Seine. — 2. Territoire entre les rivages des rivières Dyonne, Loire &c. — 3. Grand-Morin. — 4. Rivière D'aisne.) La carte, ms. et au lavis a pour titre : « Tableau representant par une Nouvelle Disposition les Rivieres qui arrosent le Bassin Terrestre de la Seine dans lequel les differens contours de chaque Rivieres sont supposes développés en Ligne droite. Dressé en Execution des Ordres de M" le Prévôt des Marchands et Echevins de la Ville de Paris par Phil. Buache, P" Géographe du Roi, de l'Acad' des Sciences... Juillet 1766. » 1 feuille 0,48 $\times$ 0,59.
>
> Ge FF 9371 [C 3111.

175. La Pointe (F. de)

Livre des plans des places de l'Alsace et des batailles que le Roi a gagnée en ces quartiers la. Comme aussi des Places qui restent aux ennemis, Jusques à Cologne. Faits par F. de la Pointe. — (s. d.), in-fol.

> Contient les plans de « Belfort. — Bonne. — Brisach. — Coblents et Hermanstein. — Cologne. — Ensisheim, bataille. — Fort Louis du Rhein. — Frankendel. — Huningue. — Kochesberg, bataille. — Landau. — Landscron. — Manheim. — Mayence. — Philisbourg. — Schlestat. — Sintzeim, bataille. — Strasbourg. — Turkeim ou Colmar, bataille. » xvii° siècle. Reliure en maroquin rouge.
>
> Inv. gén. 960. Ge DD 2024

176. Bartholomeo dalli Sonnetti [Zamberto]

Isolario. — (S. l. ni d.), in-4.

> Ce volume, relié en maroquin bleu, est d'une rareté insigne. Il ne porte ni signatures, ni chiffres de pagination. Le texte est en vers italiques et les cartes, au nombre de 48, sont curieuses et gravées en bois. Les sonnets sont imprimés au verso et les cartes occupent le recto des feuillets. Imprimé vers 1477.
>
> Inv. gén. 907

177. La Salle (Antoine de)

La Salade nou vell emétImprimée à Paris Laquelle fait mention de tous les pays du monde et du pays de la belle Sibille. Avec la figure pour aller au mont de ladicte sibille. Et aussi la figure de la mer et de la terre avec plusieurs belles remonstrances. — Et ce vendent a Paris par Phelippe le Noir. Relieur iuré en luniuersite de Paris demourant en la grāt rue sainct Jacques a léseigne de la roze blanche couronnée. [à la fin du 60e f.) : — Cy finist ce present livre nouvellementImprime en la Rue sainct iacques a l'enseigne de la Roze blanche couronnée Et fut acheve le VIII. jour de Mars mil cinq centz xxvij (et à la fin de la table) : Cy finist La Table de ce present livre nouvellement Imprime a Paris par Phelippe Le Noir ; in-4.

> Cet ouvrage rare contient 2 cartes gravées en bois et pliées. Elles représentent l'une le mont de la Sibylle, l'autre la mappemonde. — Le nom de l'auteur est indiqué dans la dédicace à Jean d'Anjou, duc de Calabre.
>
> Inv. gén. 917. Ge FF 1995

178. Stœfflerinus (Joannes)

Elucidatio fabricæ ususq. Astrolabii, a Joanne Stoflerino Iustingensi viro Germano : atq. totius Spherice doctissimo nuper Ingeniose cōcinnata atq. in lucem edita. — Impressum Oppenheym. Anno 1513, in-fol.

> A la fin du feuillet LXXVIII, on lit : « Impressum Oppēheim p.

Jacobũ Köbel, Anno. 1512. »
Dans cet ouvrage, qui eut plusieurs éditions et fut traduit en français, l'astronome allemand résume les procédés employés alors pour la construction des astrolabes.

L'exemplaire de la Section contient plusieurs feuillets d'*Addenda* mss. avec dessins. — Reliure en maroquin.

[Inv. gén. 914.]   Ge FF 9355

179.   Sacrobusto

Uberrimum sphere mundi comẽtũ intersertis etiã questionibus dñi Petri de aliaco. — (A la fin on lit) : Impressum est hoc opusculum anno dñice nativitatis 1468 in mense februarii parisius in campo gallardo oppera atq. impensis magistri guidonis mercatoris, petit in-fol.

C'est un des exemplaires sur lesquels on lit la date fausse de 1468 au lieu de 1498. On sait d'ailleurs que le premier livre imprimé à Paris date de la fin de 1470 et sort de l'atelier de la Sorbonne.

Ge DD 1991

180.   Anonyme

Tabula geogra : regni Congo. — (S. l. ni d.), 1 feuille 0,385 × 0,310.

Commencement du xvii⁰ siecle.

B 1322 (5)

181.   Anonyme

[Carte manuscrite, en russe, de la Sibérie, avec, dans le bas, des cartouches indiquant les manières de voyager dans le Nord de l'Asie. — 1 feuille 0,420 × 0,310.

Don du prince P. Labanoff. /]

Bf XIX

182.   Anonyme

La table des Isles neufves, lesquelles on appelle isles d'occident et d'Indie pour divers regardz. — (S. l. ni d.), 1 feuille 0,345 × 0,270.

Commencement du xvi⁰ siècle. (Par Sebastien Munster.)

Inv. gén. 1018

183.   Warin

Plan de la Ville du Cap Français

dans l'Isle Saint-Domingue sur lequel sont marqués en teinte noire, les ravages du premier incendie ; et en rouge les Islets, parties d'islets, Edifices &c. qui existent encore. Le 21 juin 1793. A M. Berard Verzel, par son Ami Ch. Jos. S. Warin.—1 feuille 0,360×0,260.

Ms. en couleur. Au-dessous du plan on lit : « Nota. La ville du Cap a été incendiée de nouveau lors de l'arrivée de l'armée française, sous les ordres du Général Leclerc, le 5 février 1802. »   Ge D 913

184.   Jode (Ger. de)

Nova totius terrarum orbis descriptio ad exemplar maioris edite ab Abrah. Ortelio nunc vero anno 1571 in hanc formam redacta per Ger. de Jode. — (S. l.), 1 feuille 0,520 × 0,335.

Pf. 1

185. Gatta (Joannes Franciscius vulgo della)

Palestinæ sive Terre Sancte descriptio. — Romæ, apud Joannem Franciscium vulgo della Gatta, 1557, 1 feuille 0,530 × 0,370.

Pièce très rare.   C 18997

186.   Senex (J.)

[Globe terrestre ; monté en bois avec méridien en cuivre. xviiie siècle, Comme titre il porte cette dédicace: « Philosopho ac geometræ summo Dᵒ. Isaaco Newtono, Equiti, Regalis Societatis Londini ad Scientias promovendas institutæ Præsidi dignissimo, ejusdemque consilio et sodalibus hos globos qua par est humilitate D. D. C. Johannes Senex. — Mad and sold only by J. Senex at the Globe against Sᵗ Dunstan's Church Fleetstreet London ».

Inv. gén. 9

187. **Anonyme**

Orbetello. — Romæ, Con Licentia Superiori (s. d.), 1 feuille 0,405 × 0,250.

Siège de 1646. Bf IX

188. **Cossin (Jean)**

[Mappemonde peinte or et couleur sur vélin et signée par Jehan Cossin de Dieppe 1570. La terre est figurée sous la forme d'une ellipse mixtiligne. Sur 4 rubans placés dans les 4 angles on lit] : « Carte cosmografique ou universelle description du monde avec le vrai pourtraict des vens faict en Dieppe par Jehan Cossin, marinnier, en l'an 1570. » 1 feuille 0,430 × 0,250.

Don de M. de Varennes.
G. Marcel en a donné une reproduction héliographique dans son « Recueil de portulans. — Paris, J. Gaultier, 1886 », fol. [Ge CC 142]
C 17784

189. **Anonyme**

La Carte d'Italie. Cum Privilegio. — (S. l. ni d.), 1 feuille 0,510 × 0,300.

Planche gravée sur bois. Fin du xve siècle.
Inv. gén. 1013.

190. **Truchet (Olivier)**

Description de la haulte et basse Picardie. — A Paris, par Olivier Truchet, Rue Montorgueil, au Bon Pasteur (s. d.), 1 feuille 0,540 × 0,400.

Vers 1570. M. Gabriel Marcel dans son étude sur « Une carte de Picardie inconnue et le géographe Jean Jolivet. — Paris, Imp. nationale, 1902 in-8° » [Ge FF 10306] dit que l'auteur de cette carte est Jolivet, tandis que Truchet ne serait que le graveur ou l'éditeur. Bf II

191. **Mauro (fra)**

Mappemonde de 1459. Photographié par Naya sur l'original qui est à Venise. — 1 feuille.

Don de M. Mareuse. Un autre exemplaire non monté est conservé à la *Réserve* sous la cote Ge DD 1987. Sur cette carte qui était fort remarquable pour son époque et dont presque tous les noms appartiennent au vocabulaire géographique aujourd'hui en usage, voir Dom Placido Zurka « Mappamundo di fra Mauro Camaldolese descritto ed illustrato. — Venezia, 1808, fol. [Ge DD 276.] Don 4798

192. **Gauthey**

Carte en relief du Pays que parcourt le Canal de Charollois ; présentée à M. le comte de Chastellux, Élu Général de la Noblesse des États de Bourgogne, par son tres humble et tres-obéissant serviteur Gauthey, Directeur général des travaux dudit Canal. Pourcher sculpsit. Viennois delineavit. 0,600 × 0,220.

Au-dessous du titre on lit : « La première pierre a été posée par S.A.S. Monseigneur le Prince de Condé, le 28 juillet 1784. »
Relief en couleurs, contenu dans une boîte fermant. Il est à comparer avec la carte exposée sous le n° 68. Gauthey est l'auteur des plans définitifs du Canal du Centre, destiné à joindre entre elles la Loire et la Saône. Les plans ayant été approuvés en 1779, les travaux commencèrent en 1783 et furent terminés pour 1791. Les pentes des deux versants étaient rachetées par 80 écluses. La longueur du canal est de 24 lieues.
Inv. gén. 133

193. **Anonyme**

Relief d'études topographiques. (Environs de Beaubourg.) — 0,620 × 0,460.

Don du Dépôt de la Guerre. Dans une boîte qui ferme. Don 4504

194. **Ibbetson**

Carte-Relief de la principauté de

Neufchatel par L. L. B. Ibbetson Esq. Vendu par sa permission pour le profit de Henry Frey. 1840, 0,570 × 0,260.

> Plâtre en couleur contenu dans une boîte.
> Inv. gén. 13 2

195.   Sanches (Domingo)

[Portulan sur vélin, ms. en couleurs avec de riches enluminures. Il donne les côtes de l'Europe, de l'Afrique et de l'Amérique. Il est signé : « Domingo Sanches. 1618. »] 1 feuille 0,950 × 0,840.

C 19251

196.   Anonyme

Plan des Villes Forts et Cháux et Autres Etablissements de lordre de St jean de Hierusalem a Malte jusqua l'année 1728. — 1 feuille 0,770 × 0,570.

> Ms. en couleurs.   C 13523

197.   Anonyme

Special-karte des Königreiches Dalmatien astronomisch trigono-metrisch vermessen, topografisch aufgenommen reducirt gezeichnet und gestochen von dem KK. mili-tærisch-geografischen Instituts in Wien. Herausgegeben in den Jahren 1861-1863. 1 feuille 2 m. × 1,770.

> Don du Commissariat autrichien de l'Exposition universelle de 1867.
> Inv. gén. 284

198.   Desliens

[Mappemonde ms. dessinée sur vélin et coloriée. Dans une bande-rolle enroulée on lit : « A Dieppe par Nicolas Desliens 1566. » 1 feuille 0,450 × 0,270.

> Sur cette carte les pôles sont renver-sés, le sud est en haut. On y voit aussi 2 échelles : une pour les

degrés, l'autre pour les lieues. Dans celle-ci 100 lieues sont repré sentées par 8 mm. 1/2 environ et correspondent à peu près à 6 de-grés 1/4.
> La forme donnée à l'Amérique du Nord mérite l'attention.
> Cette pièce a été achetée en 1857 à la vente du comte de Viel-Castel.
> Il en existe une reproduction hélio-graphique dans Marcel « Recueil de portulans. — Paris. J. Gaultier, 1886 » fol. [Ge CC 142]   C 15876

199.   Anonyme

Plan du Chateau de St Maurice. 1779, 1 feuille 0,185 × 0,120.

> Ms. en couleur.   Ge F 1118

200.   Phelipeau (R.)

Plan de Versailles. — A Paris Chez le Sr R. Phelipeau Ingénieur Géographe, Rue St-Jacques au des-sus de celle des Mathurins No 45, (s. d.), 1 feuille 0,160 × 0,105.

> xixe siècle.   Ge F 525

201.   Anonyme

Carte de l'Elion du Pontlevê-que, Generalité de Rouen ; placée en la Viconté d'Auge ; divisée en onze Sergenteries, contenant cent trente six Parroisses, comprises entre le 49e degré 5 minutes, &c. demies d'Elevation de Pole, et 49 d. 30 m. de la méme Elevation, et 19 d. 55 m. et 21 d. 25 m. de Lon-gitude. — 1 feuille ms. 0,560 × 0,430.

> Fin du xviie siècle. — Probablement par de La Motte dont nous expo-sons l' « Atlas de la Généralité de Rouen. » sous le no 271. Ge D 2123

202.   Senex

[Globe céleste ; monté en bois, avec méridien en cuivre. xviie siè-cle.]

> Inv. gén. 8

203.   Anonyme

[Portulan de la Méditerranée

jusqu'à Tremisen. Ms. sur vélin, en couleurs, orné de figures et de villes en perspective. xviie siècle.] — 1 feuille 0,600 × 0,400.

A été attribué à Salvator Oliva.

C 1708

204. Sebastianus à Rotenham

Das Francken Landt Chorographī Franciæ Oriē. Cū gratia et privileg. Imp. super plerisp. etiam aliis operib. nobis ad XXX annos côcesso. — Excusum Ingolstadii 4. die Januarij An. curr. 1533, 1 feuille 0,580 × 0,610.

La dédicace est signée D. Sebastianus à Rotenhan. C 9822

205. Anonyme

Plan de Charleville, Mézières et Mont Olimpe. — 1 feuille 1,11 × 1,67.

Ms. dessiné sur toile et mis en couleurs, xviie siècle, — Le titre est au verso. A été donné à la Section en 1899 par l'Hôtel des Invalides, Ge A 38

206. Anonyme

Plan de l'ancienne Ville de Cologne avec la forteresse de Duitz et le Pont sur le Rhin batis par les Romains. — (S. l. ni d.), 1 feuille manuscrite, 0,340 × 0,210.

Ge D 1747

207. Anonyme

La Nuova citta e fortezza di Malta chiamata Valletta. Questa nuova Citta e Fortezza fu fundate dall' Illmo Sig gran mastro fra Giovanni Parisotto di Valletta e da lui chiamata Valletta... — (S. l. ni d.), 1 feuille 0,450 × 0,350.

xvie siècle. Plan gravé. A la fin de la légende (56 numéros) qui occupe le bas de la pièce on lit : « F. XV. » BF IX ou vol. 156

208. Julien (R.-J.)

Carte generale des 39 premières feuilles de l'Atlas Géographique et Militaire des Estats de la Couronne de Boheme et de la Saxe Electorale avec leurs Frontières &c. — Ecrit par Bourgoin le Jeune. — A Paris, chez R.-J., Julien à l'Hotel de Soubise (s. d.), 1 feuille 0,360 × 0,250.

Impression sur peau. Donné par M. Hennin en déc. 1845.

C 9008

209. Mollijns (Joannes)

Britanniæ, insulæ quæ nunc Angliæ et Scotiæ Regna continet cum Hibérnia adiacente nova descriptio anno 1549. — Antverpiæ, per Joannem Mollijns Anno 1549, 1 feuille 0,580 × 0,760.

C 9823

210. Anonyme

Logement de Stropane en Piémont. — (S. l. ni d.), 0,590 × 0,400.

Dessin ms. au lavis.

211. Anonyme

Il vero disegno del mirabile assedio della fortissima cita di Anversa fatto dal Serenissimo Alexandro Farnese principe de Parma Govre luoco tenente et capp. Generale de S. Maesta Catholica nelle parti della Fiandra. Del 27 agosto 1585. — (S. l.), G. R. formis, (s. d.), 1 feuille 0,505 × 0,375.

Dans le bas, à droite de la légende, on lit cette dédicace : « IIImo et Rme D. D. Alexan. Farnesio. Cardinali Amplissmo. DD. G. R. formis. »
Ge D 1562.

212. Anonyme

Nouvelle description dangleterre. Imprimé à Paris par Hierosme

Gourmont, 1548, 1 feuille 0,405 ✕ 0,310.

> Pièce très rare. Dans le bas on lit ces deux curieuses notes : « Les gẽs du pays sõt riches et addõnez a marchãdises : et excellẽs en draps pour raison de la grand quantité de bonnes laines. Ilz ayment la musicque. et sont gens de grand chere et excellens en diversité de viandes. — En Angleterre y a deux sieges archiepiscopales, Cãtorbie et Eboracum. 14 Eveschez. 186. tant citez que villes. 63. provinces, de duchez et contez y a bien peu. »   C 12670

213.   Hirckmann

Das Koenigreich Boehmen in plastischer Darstellung entworfen u. ausgeführt von Hirckmann Professor a. d. Handelsschule zu Reichenberg Zweite Auflage. — Reichenberg, Verlag von A. Schoepfer 1869, 1 feuille 0,500 ✕ 0,410.

> En couleur. Spécimen de relief en papier carton.
> Inv. gén, 184.   C 19447

214.   Rath (Carl)

Königreich Vürttemberg, von Karl Rath in Tübingen. — 0,790 ✕ 0,560.

> Relief en couleur, sous verre.
> Inv. gén. 110.

215.   Verrier

Vue de la ville de Louisbourg, prise en dedans du port. Verrier fils fecit 1731. — 1 feuille 1m. ✕ 0,36.

> Ms en couleurs. On en voit une reproduction en noir dans : Pinart. Recueil de cartes, plans et vues relatifs aux Etats-Unis et au Canada. 1651-1731. — Paris, Dufossé, 1893, gr. in-fol. [Ge-CC 267].
> C 18830

216.   Rousseau (J.)

Plan du château et des environs de la Mausse appartenant à M. de Bignon, Seigneur dudit lieu, Conseiller d'Etat, Bibliotaicaire du Roy, etc., etc. J. Rousseau Santaudeus del. 1782, 1 feuille 0,910 ✕ 0,800.

> Ce plan ms. en couleur contient, dans le cartouche, le portrait de Frédéric de Bignon.   C 18798

217.   Anonyme

[Grande carte chinoise représentant partie du fleuve jaune, partie du canal impérial et les travaux d'art du canal.] 1 feuille 3,050 ✕ 2,250.

> Ms. en couleurs. Donné par le Ministère de l'Instruction publique en mars 1845.   C 8016

218.   Jolivet (Jean)

Galliæ regni potentiss : nova descriptio. Ioanne Ioliveto auctore. — (S. l. ni d.), 1 feuille 0,510 ✕ 0,350. A paru vers 1560.   C 1975

219.   Cock (H.)

Siena. H. Cock fecit 1555, 1 feuille 0,460 ✕ 0,320.

> Bf IX

220.   Erbe (Louis)

Palaestina von Louis Erbe in Stuttgart (s. d.), 0,400 ✕ 0,450.
> Relief en couleur. Vers 1842.
> Inv. gén. 138.   C 7806

221.   Kummer (K.-W.)

Deutschland, von K.-W. Kummer in Berlin. 0,740 ✕ 0,780.
> Relief en couleur. Sous verre. 1827.
> Inv. gén. 131.

222.   Vaulx (Jacques de)

Terres Neufves, la Florie, les Neufves Espaignes, le Péru, le Brésil. Ceste carte a été faicte par Jacques de Vaulx, pilote entretenu

pou le Roy en la Maryne au Havre,
1584, — 1 feuille ms. sur parchemin
0,585 × 0,810.

La nomenclature de cette carte est
beaucoup plus riche que celle qui
se trouve dans le superbe ms. conservé au département des Mss. de
la Bibl. Nationale (ms. français
150) sous le titre : « Les Premières
Euvres de Jacques de Vaulx, pil-
lote en la marine, au Havre de
Grace le premyer jour de may l'an
1583. » — Cette pièce est, semble-
t-il, la moitié d'un planisphère.
Incomplète vers l'Ouest, elle est
tronquée au Labrador et mutilée
au Brésil dont la proéminence est
absente depuis « Villegaillaon et
Jenevre » (Janeiro) jusqu'à la « coste
des Canibales. » Elle est d'une importance capitale pour l'histoire
du Canada et des expéditions françaises en Amérique. Voir à cet
égard l'étude que M. de la Roncière
a publiée sous le titre : « Une carte
française encore inconnue du nouveau Monde (1584). — Paris, 1910»,
[Ge FF 11811].   Ge C 4052

223.   Allard (Jacobus)

Tabula Roterodami novissima. —
Amstelodami, Jacobus Allard excu-
dit (s. d.), 1 feuille 0,570 × 0,480.

XVII° siècle.   Æ 80

224.   La Correterie (de)

Plan de la ville, du château et du
parc de Versailles. De la Correterie
fecit 1774. — 1 feuille ms. en couleur 0,230 × 0,200.

Ge F 1527

225.   Olgiato (Girolamo)

Disegno dell'Europa. Girolamo
Olgiato. 1567, 1 feuille 0,140 ×
0,100.

Don 4449.

226.   Anonyme

Das ist der Rom weg von meylen zu meylen mit puncten ver-
zeychnet von eyner Stat zu der an-
dern durch deutsche lantt. — (S.
l. ni d.), 1 feuille 0,290 × 0,400.

Carte routière allemande du XV° siècle. Elle est gravée sur bois ; le
nord est en bas. Dans la légende
qui se trouve dans le bas on voit,
représentée pour la première fois
sur une carte, la figure d'une boussole.

Inv. gén. 1014.

227.   Marquette (le père Jacques)

Carte de la nouvelle decouverte
que les RR. Peres Jesuites ont fait
en l'annee 1672, et continuée par
le R. Pere Jacques Marquette de
la mesme Compagnie, accompagné
de quelques François en l'année
1673, qu'on pourra nommer la
Manitoume, a cause de la Statue
qui s'est trouvée dans une belle
vallée, et que les sauvages vont
recõnoistre pour leur Divinité,
qu'ils appellent Manitou, qui signi-
fie Esprit, ou Genie. — 1 feuille
ms. au lavis 0,720 × 0,430.

C'est le pays appelé un peu plus
tard Colbertie et enfin Louisiane.
L'endroit où s'arrêtèrent les voya-
geurs est indiqué en face du
confluent de l'Arkansas : « On
est venu iusques icy à la hauteur
de 33 degrez. » — Cette carte
est reproduite dans Marcel « Reproduction de cartes et de globes
relatifs à la découverte de l'Amérique. — Paris, Leroux, 1894 ».
[Ge DD 566]   C 17701 (24)

228.   Anonyme

Vûe du Bombardement de La-
rache dans les États du roy de
Maroc par l'escadre de Sa Maijesté
très chrétienne en l'année 1767. —
1 feuille ms. 0,540 × 0,370.

Dessin en couleurs.   Pf 39

229.   Anonyme

Tabula hec Regionis magni brasilis est... — 1 feuille 0,590 × 0,410.

Carte ms. sur parchemin avec riches
enluminures. Sur le continent, en
lettres dorées, sur fond écarlate,
on lit ce titre : « Terra Brasilis. »
Elle faisait partie d'un atlas ms.

portugais que M⁰ Miller vendit à la Section en 1897. Toute la nomenclature est portugaise. L'atlas a dû être dessiné vers 1514. M.-G. Marcel en a donné une description à la Société de géophie de Paris dans les « Comptes rendus des séances du 5 et 19 nov. 1897 ». [Ge FF 6, p. 388] D'après J. Denucé « Les origines de la cartographie portugaise et les cartes des Reinel. — Gand, E. van Goethem, 1908 », in-8 [Ge FF 11349] cette carte serait l'œuvre des Reinel.   Ge DD 683

230.   Barbié du Bocage

Plan de l'Hellespont, de la Chersonèse de Thrace, et d'une grande partie de la Troade, Pour le Voyage du Jeune Anacharsis. Par M. Barbié du Bocage. Mai 1782. — Avril 1798. 1 feuille ms. 0,220 × 0,340.

Barbié 414

231.   Anonyme

Plan de la Baye et Ville de Riogenaire... prise par les Français En septembre 1711. — (S. l. ni d.) 1 feuille ms. en couleurs 0,690 × 0,455.

Provient du cabinet Prony. Audessus du titre on lit cette dédicace : « A. S. A. S. Mgr. le Cᵗᵉ de Toulouse. »   C 3730

232.   Anonyme

Mer Occeane. 1 feuille 0,610 × 0,420.

Carte ms. sur vélin, en couleur, sans nom. Elle semble être de la main de J.-F. Roussin. Vers 166 (?) Dans le haut, à gauche, on voit l'effigie de la Sainte-Vierge tenant l'Enfant Jésus dans ses bras. La carte représente les côtes occidentales de l'Europe et une partie du rivage nord-ouest de l'Afrique.

C 4204

233.   Semane (J.-B.)

Seigneurie de Ferney-Voltaire. Levée géométriquement et dessinée par J.-B. Semane Arpenteur Géographe en 1784. — 1 feuille ms. en couleur 0,770 × 0,650.

Dans l'encadrement très artistique de cette belle carte on voit un portrait de Voltaire.

Ge C 3423

234.   Anonyme

A Humorous diplomatic Atlas of Europe and Asia. — (S. l.) march 1904, 1 feuille.

Carte allégorique en Japonais imprimée à l'occasion de la guerre russo-japonaise. — Don de M. de Fleurieu.   Ge D 5894

235.   Anonyme

[Rio Janeiro sur les côtes du Brésil entre le C. Frio et « l'isle grande » à la hauteur du Tropique.] Ms. à la plume.

Vers 1711. — Le titre manque ; celui indiqué ci-dessus est copié sur le registre des Entrées. Sur le côté gauche est une légende (32 nᵒˢ) en tête de laquelle on lit : « Explication du plan de Rio de Janeiro. » Sur le côté droit on trouve une demi-colonne de détails topographiques et hydrographiques

C 3066ᵃ

236.   Anonyme

Lisle de Saincte Catherine située au 28 Degré du Costé du tropique De Cancer qui est une Bonne température De pais Et bon Climat... — (S. l. ni d.), 1 feuille 0,550 × 0,335.

Cette carte ms. donne aussi une partie de la côte du Brésil et des chiffres de sondes entre les deux côtes. xviiᵉ siècle.   Ge D 4021

237.   Mahier

Carte figurative du promt Secours Envoyé par Lordres de Monseigneur Le Marquis de Beauharnois Chevalier de lordre militaire de St Louis gouverneur et lieutenant general pour Sa Majeste dans tout lestendüe de la Nouvelle france au Vaisseau du Roy L'Eléphant Le 2ᵉ Septembre 1729. Dessigné par Mahier a quebec Le 15 Octobre 1729. — 1 feuille 0,560 × 0,400.

Cette carte ms., en couleur, donne une vue de Québec et le cours du Saint-Laurent en face de la ville. Un fac-similé en noir se trouve dans Pinart. « Recueil de cartes, plans et vues relatifs aux Etats-Unis et au Canada. 1651-1731. — Paris, Dufossé, 1893 », gr. fol. [Ge CC 267].

Klaproth 579

238.   Anville (d')

Une feuille de la carte manuscrite de la Chine, par d'Anville, xviiie siècle. — 1 feuille 0,255 $\times$ 0,365.

Collection d'Anville ms.

239. Vau de Claye (Jacques de)

Le Vrai Pourt traict de Genevre et du Cap de Frie. Jqz de Vau de Claye. — 1 feuille 0,310 $\times$ 0,670.

Provient de la collection Gaignières et a été transmis à la Section par les Estampes en 1857. Ce manuscrit, en couleurs. est dessiné sur vélin. Il doit avoir été fait en 1579 et est d'un grand intérêt pour l'histoire des expéditions françaises au Brésil. Genèvre a été l'origine de Rio de Janeiro et fut fondée par une colonie de Huguenots français que Coligny avait envoyés là-bas avec Villegagnon.
Cette carte a été reproduite en facsimilé dans Heulhard. « Villegagnon, roi d'Amérique (1510-1572). Paris 1897 », 8 [Ge DD 718] et Marcel. « Reproductions de cartes et de globes relatifs à la découverte de l'Amérique des xvie et xviie siècles. — Paris, 1894 », fol, [Ge DD 566].

C 15932

240. Vesconte di Maggiolo

[Portulan de la Méditerranée, d'Alexandrie au détroit de Gibraltar. Ms. sur vélin, avec couleurs et figures. Il est signé : « Vesconte demaiollo composuit hanc cartam in Janua anno dñi 1547 die 29 octobris. »] 1 feuille 0,470 $\times$ 0,700.

B 2706

241.   Razaud

Plan de Tingmouth. Descente de Tinmoulht, par les troupes de l'Ar-

mée navale de sa Ma^{té} commandées par M^r le Comte D'Estrées Vice Amiral de France, le 5 Aoust 1690. Par le Sr Razaud Ingenieur ordinaire du Roy. 1 feuille 0,410 $\times$ 0,300.

Æ 71

242.   Bertelli (Ferandus)

Palestinæ sive Tére Sancte descriptio. Ferandus Bertellus excudebat Væenetiis, 1563, 1 feuille 0,500 $\times$ 0,370.

Æ 117

243.   Anonyme

[Plan de Fontainebleau et de la partie voisine de la forêt. — S. l. ni d.] 1 feuille 0,960 $\times$ 0,650.

Ce précieux fragment d'une carte générale de la forêt de Fontainebleau est ms. et colorié. Il a été sauvé des flammes des Tuileries en 1871.   Ge C 332

244.   Anonyme

[Portulan ms. sur vélin, en couleurs. Il représente la Méditerranée, l'Archipel grec et une partie de la mer Noire. En tête on voit le monogramme de la Société de Jésus et un portrait en couleur à demi effacé. Première moitié du xvie siècle.] 1 feuille 0,280 $\times$ 0,680.

Donné en 1839 par M. le comte de Montlezun.   C 1668

245.   Anonyme

[Carte portugaise, sur vélin, en or et couleur, ms. d'un globe terrestre en fuseaux; projection polaire. Provient de M. Jomard auquel elle avait été donnée.] 1 feuille 0,440 $\times$ 0,370.

Pf 6 (n° 112)

246.   Anonyme

Jardin de Madame Elisabeth. — (S. l. ni d.), 1 feuille 0,495 $\times$ 0,410.

Vers 1787. Plan ms. en couleur.
Echelle de cinq pouces pour cent
toises. Ce jardin était situé à Versailles.
Carton aigle n° 34.

247.   Anonyme

[Carte javanaise.] — 1 feuille
0,530 × 0,390.

248. Thevenet (J.) et J. Franceschi

Italie septentrionale. J. Thevenet et J. Franceschi (s. d.). —
1,180 × 0,680.

Relief en couleur sous verre. Donné
par M. Thevenet en 1859.
Inv. gén. 127.   Don 2274

249.   Ruel de la Motte

Plan du Château Royal de Belle-
Vuë et de ses environs. Lavé et
dessiné par Ruel de la Motte Valet
de Gard. ᵈᵉ de Madame, 1780,
1 feuille ms. 0,820 × 1, 330.

Il est intéressant de comparer ce
beau plan ms. au relief qui est
au centre de la même pièce n° 282.
Ce château était la résidence de
Mesdames, tantes de Louis XVI,
qui le quittèrent précipitamment
au début de 1791.   C 5792

250.   Thuret

Appareil cosmographique mû par
un mécanisme d'horlogerie. xviiᵉ
siècle. Signé : J. Thuret à Paris.

Rapport des jours, des mois et des
années.
                    Inv. gén. 24.

251.   Ravenstein (A.)

Rhein-Panorama in Relief. Erste
Abtheilung in 4 Tableaux, von
Cœln bis Coblenz. Topogr.-plast.
Ausarbeitung von A. Ravenstein.
— Paris, Verlag von C. R. Brun-
narius Farbendruck und Prägung
von Bauerkeller u. C. Patentirt in
Paris, (s. d.), 1,93 × 0,18.
Acquis en 1842.
                    C 4849

252.   Le Maire (P.)

[Cadran solaire avec mappemonde gravée sur marbre blanc.
Signé]: P. Le Maire inv. Paris. —
0, 43 × 0, 43.

Entre les divisions du cadran on a
gravé des fleurs de lys ; dans deux
angles on voit des initiales majus-
cules et dans les deux autres un
motif décoratif représentant un
chien. Instrument du xviiᵉ siècle.
                    Inv. gén. n° 22

253.   Schoonebeek

[Mappemonde en Arménien. Au
centre on lit] : « Hadrianus et Petrus Damianus Schoonebeek Fratres Faciebant Amstelodami 1695. »
— 1 feuille 1. 500 × 1, 200.

Cette magnifique pièce gravée provient de la collection Klaproth.
                    Klaproth Art. 2 (150)

254.   Werden (Carl von)

Carte de la mer Caspienne, dite
de Pierre le Grand. — Saint-Péters-
bourg, 1721.

Manuscrite, en russe. A été donnée
à la Bibliothèque par S. M. Pierre
le Grand, lors de la visite du Czar
à l'établissement.   B 10

255.   Thuret

Appareil cosmographique en cuivre, destiné à être mû par un mécanisme d'horlogerie. Surmonté d'ornements dorés qui représentent les
attributs de la géographie, de l'astro-
nomie et de la royauté des Bourbons
— xviiᵉ siècle.

Signé : J. Thuret à Paris.

Sur une face ce planisphère représente les constellations boréales,
les signes du zodiaque et la cor-
respondance de ces signes avec
les heures et les jours. Sur l'autre
face il représente le mouvement
des planètes autour du soleil.
Inv. gén. 23.

256.   Schuster

Carte relief de la Suisse Saxonne depuis Schandau jusqu'à la frontière de Bohême. Construit d'après les meilleures autorités et sur des études faites sur les lieux pendant trois années consécutives. Échelle horizontale et verticale. — Dresde Schuster (1845), 0,790 × 0,850.

Relief en couleur ; sous verre.
Inv. gén. 124.

257. Pilestrina (Salvat de)

[Carte marine représentant l'Europe, l'Asie occidentale et le nord de l'Afrique. Sur vélin avec de nombreuses enluminures. On y lit] : « Salvat de Pilestrina Mallorques en l'an 1511.» 1 feuille 0,740 × 1,060.
Acheté à M. Hennin en déc. 1844.
C 5629

258.   Lafreri (Ant.)

[Mappemonde cordiforme, gravée et signée : « Ant. Lafreri exc. Romæ. » Le cartouche du haut commence par ces mots : « Quam hic Vides orbis imaginé lector cádide... »] — 1 feuille 0, 520 × 0, 330.

Milieu du xvi° siècle. Klaproth 1132

259.   Petit (P.)

Topographie de Brest. Par P. Petit, 1640 1 feuille 0,560 × 0,380.
Échelle de 120 toises. Ms. en couleur aux armes de Richelieu.
Ge D 3302

260. Vavassore (Andrea)

Opera di Giováni Andrea Vavassore ditto Vadagnino. — (S. l. ni d.), 1 feuille 0, 540 × 0, 380.
Mappemonde italienne du xvi° siècle, gravée sur bois.
Inv. gén. 1044

261.   Anonyme

Britannia, insula, quæ duo regna continet. Angliam. et Scotiam. cum. Hibernia. adiacente. Cum. privilegio sumi pontificis MDLVI. 1 feuille 0,360 × 0,490.
Æ 19

262. Durey de Bourneville (Antonius Joannes Baptista Ludovicus)

Plan de la ville de Bourges avec l'indication des differentes démeures de messieurs du parlement, exilés en ladite ville par ordres du Roy en date du huit May 1753, Révoqués le 27 juillet 1754, pour ne quitter l'exil que le 20 août, et se rendre à Paris le premier Septembre. Offerebat Antonius-Joannes-Baptista-Ludovicus Durey de Bourneville, exulis filius et comes, exulante curiâ, utriusque Juris in Academiâ Bituricensi. Baccalaureatum adeptus. — 1 feuille 0, 340 × 0, 390.

Les demeures ont été marquées à l'encre rouge. Une légende, dans le bas, donne les noms de Messieurs du Parlement avec le nom des rues et les numéros. Le plan qui a servi pour ce tirage est intitulé : « Plan de la Ville et des Fauxbourgs de Bourges Capitale de la Province de Berri Mis au jour par N. de Fer Geographe de Sa Majesté Catholique et de Monseigneur le Dauphin. Avec Privilège du Roy 1705. »   Ge D 2085

263.   Villamange

Veue de la ville et port de Messine Faite en 1699 par Villamange dessinateur entretenu par Sa Majesté au Port et Arsenal de Marseille. — 1 feuille ms. en couleur, 0, 840 × 540.

Donné à la Section en 1845 par M. Laterrade.   C 8005

264.   Herrmann

Vue perspective de la ville de Corfou. Herrmann f. 1817, 1 feuille 0,310 × 0,220.

Dessin ms. en couleur   Ge D 790

264. **Herrmann**

Plan de Corfou Réuni à la République Française. [Au dessous on lit : La Ville de Corfou réunie à la République Française par le Traité de Paix de Compoformio an 6.] — Herrmann fecit 27 février 1818. 1 feuille 0, 320 × 0, 270.

Plan ms. en couleur.   Ge D 789

265. **Anonyme**

[Carte ms. sur vélin, en couleur, avec personnages et représentation de villes. Elle donne la partie occidentale de l'Europe (France, Espagne, Angleterre, Écosse, la Hollande) et la partie N.-O. de l'Afrique.] — 1 feuille 0,250 × 0,570.

C 18867

266. **Anonyme**

Veue du Fort Royal de la Martinique. — (S. l. ni d.), 1 feuille 0,225 × 0,350.

Dessin ms. au lavis. 1re moitié du xviiie siècle.   C 18828

267. Sacrobusto (Joan. de)

Johannis de sacrobusto anglici viri clarissimi spera mundi feliciter incipit. (*A la fin :*) Explicit Theorica planetarum Gerardi cremonensis astronomi celebratissimi. Impressa Venetiis per Franciscū Renner de Hailbrun, 1478, in-4.

Contient les figures astronomiques qui ne se trouvent pas dans l'édition de 1472.
[Inv. gén. 908.]   Ge FF 9352

268. **Blanc (Louis)**

Elemens des mouvemens celestes. Contenant un nouveau traité de la Sphere, la description des Astrolabes, et la description des Horloges ou quadrans solaires. Par le P. Louis Blanc Mathematicien. — A Paris, 1682, in-8.

Ms. Contient 48 pl. en couleur et numérotées, plus une planche sans titre ni numéro.   Ge FF 13041

269. **Anonyme**

Double routier du Japon. — Yedo, 1807, in-8.

En Japonais (Rio Tou Tsiou Kouwaï fou to Kan.)
Inv. gén. 1732.

270. **Ambrosin**

[Atlas maritime, sur vélin, sans titre, composé de 5 cartes mss. avec or et couleurs. La dernière est signée :] « A Marseille par Charles (?) Ambrosin Lan 1620. » 0,675 × 0,480.

Relié en maroquin plein aux armes de Louis XIII. Il contient : 1, Europe, la Méditerranée et partie de la mer Noire, avec vue de Marseille. — 2. Europe, la Méditerranée et les parties N. et O de l'Afrique, avec vue de Marseille. — 3. La Méditerranée à grande échelle. — 4. Europe, Sicile, une partie de la Sardaigne et du N. de l'Afrique, avec petits plans de Palerme, Messine, Trapani et Malte. — 5. Carte de la Méditerrance. Cette derniere est d'une exécution moins soignée. L'Atlas a été transmis à la Section par les Imprimés en mai 1862. Sur la garde du premier feuillet on lit : « 9e volume réuni par M. l'abbé Sallier en 1732, mentionné à la 64e vacation du bref Etat du 16 janvier 1736. »   Ge DD 2018.

271. **La Motte (de)**

Atlas de la Generalité de Rouen, ou on voit tous les lieux ou il y a quelq dignité, les charges de judicature, les benefices, le fort et le foible des paroisses et autres observations expliquées dans la cléf. et Qui n'ont été Faittes Jusq. Apresent. Par de la Motte, Un des

Eschevins de la ville de Harfleur, 1683, in-fol., 14 feuillets.

> Important atlas ms. exécuté avec un grand soin et une grande finesse de trait. Il contient 13 planches. — 1. Frontispice et dédicace au Roy. — 2. Carte Geographique de l'Election de Caudebec. — 3. Carte Geographique de l'Election de Rouen. — 4. Carte Geographique de l'Election de Neufchastel. — 5. Carte Geographique de l'Election de Lions. — 6. Carte Geographique de la Châtellenie de Gournav. — 7. Carte de l'Election de Gisors dont le nom des Paroisses est escript de noir. Carte de l'Election de Chaumont dont le nom des Paroisses est escript de rouge. — 8. Carte Géographique de l'Election de Ponthoise. — 9. Carte Geographique de l'Election ou Chastellenie d'Andely le nom des Paroisses escrit en rouge, l'Accroissement de Magny les noms Violets. Et la Sergeanterie de Vernon dont les noms qui la compose, sont escrits de bleu. — 10. Carte Geographique de l'Election d'Evreux. — 11. Carte de l'Election du Pontdelarche. — 12. Carte Geographique de l'Election du Ponteaudemer. — Carte géographique de l'Election de Pontlevesque.   Ge DD 2023

272.   Ptolémée

Ptolemeo. La geografia di Claudio Ptolemeo Alessandrino... — In Venetia per Gioã. Baptista Pedrezano col privilegio dell illustriss. Sena o Veneto Anni. X. M.DXLVIII, in-8.

> Exemplaire lavé et réglé. La reliure, au chiffre de Henri II, et de Diane de Poitiers, porte cette devise : « Nihil amplius optat. »
> Ge FF 9155

273.   Vidman

L'Arcipelago Con tutte le Isole, Scogli, Secche, Bassi, Fond con i Mari, Golfi, Seni, Porti, Capi, Fonti... Opera virtuosa del Widman... — (S. l.), 1740-1758, 2 vol. gr. in-8.

> Ces deux volumes sont mss. et contiennent autant de vues et plans en couleur que de feuillets de texte.   C 4384

274.   Giraud (P.)

Plans Généraux des Prisons et Maisons d'arrêt du Département de la Seine, adoptées par les divers Ministres de l'intérieur qui se sont succédés et par les administrations Centrales. Composés en 1791 et 1792 ; par P. Giraud, architecte des prisons. Prairial. an 10 (1802). — 1 vol. in-4 oblong.

> Contient les plans suivants, tous au lavis. — 1. Ste-Pélagie. — 2. Madelonnettes. — 3. Grande et petite force. — 4. Prison de la Conciergerie. — 5. Bicêtre. — 6. S-Lazare — 7. Plan du Grand Châtelet. — 8. Plan, Coupe et Elévation de la tour et des cachots du grand Châtelet. — 9. Tour du Temple. — 10. Prison de l'abbaye. Ge FF 11583

275.   Anonyme

[Portulan ms. sur vélin, orné de riches miniatures, dessiné recto et verso, au commencement du XVIe siècle. Carte portugaise.] — 1,16 × 0,57.

> Sur le recto on voit une partie de l'Europe (le sud de l'Angleterre et de l'Irlande), tout le bassin de la Méditerranée, la mer Noire, la mer d'Azow et une partie de la Caspienne. Inachevée, elle porte une graduation de latitudes, mais on n'y rencontre aucune des roses des vents qui sont l'une des caractéristiques des travaux portugais. — Au verso est figuré l'Océan Atlantique avec, à l'est, les côtes occidentales de l'Europe portant un très petit nombre d'inscriptions et l'Afrique sans aucune légende. Cette pièce est particulièrement remarquable par l'abondance et la richesse des illustrations diverses qui l'ornementent : personnages, vaisseaux, vues de villes, etc. Elle a été achetée à Mr Miller en 1897. M. G. Marcel l'a décrite dans les « Comptes-rendus des séances de la Société de géographie de Paris 5 et 19 nov. 1897, p. 383. » [Ge FF 6]   Ge A 78
> D'après J. Denucé « Les origines de la cartographie portugaise et les des Reinel. — Gand, E. van Goethem, 1908, » in-8°, [Ge FF 11349] cette carte serait l'œuvre des Reinel.

276. **Friend (John)**

Zeylon [Carte de l'Ile de Ceylan et d'une partie de la côte de Coromandel, coloriée, ms., sur vélin, signée « John Friend, 1709. »] 1 feuille 0,910 × 0,630.

Don de M. Andriveau en 1840.

C 2179

277. **Jollain**

Le Mont Saint-Michel. — Paris, Jollain (s. d.) 1 feuille 0.510 × 0,570.

> Avec, au bas de l'estampe, un texte et un plan du gouvernement du Mont Saint-Michel. — Seconde moitié du XVII⁰ siècle. Voir dans l' « Intermédiaire des chercheurs », 1907, col. 751-752. « Notes sur les divers Jollain, graveurs-éditeurs de Paris, aux XVII⁰ et XVIII⁰ siècles ». Ge D 5468

278. Velarde (P⁰ Pedro Murillo)

Mapa de las yslas Philippinas hecho Por el P⁰ Pedro Murillo Velarde de la Comp⁰ de Jesus. Le esculpio Nic⁰ de la Cruz Bagay Man⁰ Ano 1744, 1 feuille 0,340 × 0,520.

Klaproth 31.

279. **Anonyme**

Jardins de Genevilliers a S. A. S. M. le Duc d'Orléans. — (S. l. ni d.), 1 feuille 0.620 × 0.330.

Dessin ms. en couleur. Ge D 2484

280. **Anonyme**

Tripoly de Barbarie l'Ordre du Bombardement, par M. de Grandpré Chef d'Escadre des Armées Navalles en 1728. — (S. l. ni d.), 1 feuille 0,220 × 0,335.

Dessin ms. au lavis. C 18825

281. **Coronelli (Vincenzo)**

Globe terrestre. 1688. Monté en bois, avec pied sculpté ; méridien en cuivre ; horizon en partie doublé en cuivre. Il porte cette dédicace : « El Genio della Virtu raccomandò, all'Eternità il Nome di Cesare Cardinale Eminentissimo d'Estrées Duca i Pari di Francia mentrefece elaborare per Lodovico il Magno Dal P. Coronelli Due Gran Globi l'Idea dè quali hà poi epilogata in questi Per l'Academia cosmografica degli Argonauti l'Anno 1688 in Venezia. » Parmi les nombreuses notes que ce globe porte, on lit celle-ci, relative à la Californie représentée comme une île : « Della California Alcuno hà credato che le California fosse Penisola, attaccataal Continente del Nuovo Mexico. Questa fù scoperta da Cortese à nome del Re di Spagna l'anno 1534, e fù seguentemente navigata da Francesco d'Ulloa nel 1539 da H. de Alarcon nel 1540, finalmente da Gio. Rederigo Cabrillo nel 1542, i quali poratrono dessa sempre più esatte relazioni. »

> Les pièces exposées sous les nᵒˢ 281 et 283 sont une reproduction en petit des deux grands globes de Coronelli. Ceux-ci ont chacun 3 m. 87 de diamètre, et sont supportés par de magnifiques pieds en bronze. Ils étaient autrefois à Marly, puis ils furent transportés au Louvre d'où Louis XV les retira en 1722 pour les mettre dans la Bibliothèque royale. Démontés aujourd'hui ils attendent l'achèvement du nouveau corps de bâtiment pour y prendre place.
> Inv. gén. 4.

282. **Le Roy (P.-N.)**

Relief du château et des jardins de Bellevue. Levé et Exécuté par P.-N. Le Roy Ing. et Pensionnaire du Roi, Gentil homme servant de Mᵍʳ le Comte d'Artois. 1777. — Sous verre et monté sur 5 pieds dorés. 0,83 de diamètre.

> A comparer avec le plan exposé sous le nᵒ 249.
> Inv. gén. 141.

283. Deuvez (Arnold) et Coronelli

« Orbis Cœlestis typus, Opus a P. Coronelli Min. Convent. Serenissimæque Reipub. Venetæ Cosmographo Inchoatum Societatis Gallicæ sumptibus Absolutum Lutetiæ Parisiorum Anno R. S. MD CXCIII. Delin. Arnoldus Deuvez Regiæ Acad. Pictor, Sculp. I. B. Nolin Reg. Chr. Calcographus. » — Dans un cartouche on lit : « De Epoca. Hujus Cœlestis Orbis Epoca Anno Futuro 1700 Consecratur ut Ars in hoc opere Præcurrat illud tempus, a quo destrui debet, Dum tardus hic Orbis Velocem Cæli cursum antecedit... »

Monté en bois, avec pied sculpté ; horizon en partie doublé en cuivre ; méridien en cuivre. Les noms et les légendes sont en français, en italien, en latin et en grec. Inv. gén. 3.

284.   Viegas (?)

[Portulan sur vélin représentant les côtes de l'Europe, de l'Asie occidentale et du nord de l'Afrique. Ms. en couleur. Attribué à Gaspard Viegas et présumé de 1534.] 1 feuille 0,930 $\times$ 0,630.

Cette carte est entrée à la Bibliothèque en janvier 1865 à la suite d'un échange avec les Archives de l'Empire.   C 18775

285.   Anonyme

Porte-boussole à manche, en cuivre, bois noir et carton. — Longueur : 0,375 $\times$ 0,110 de largeur maxima.

286.   Anonyme

Globe terrestre dit « Globe de bois », diamètre 0,200.

Cette sphère très curieuse est en bois recouvert d'une couche de plâtre. Comme le « Globe vert », elle vient d'Italie et a été apportée en France par le comte Riant. Elle est ma-

nuscrite et d'une exécution un peu grossière. Les continents sont coloriés en blanc jaunâtre ; les nomenclatures sont à l'encre bistre Les Océans sont teintés en vert bleuté ; les inscriptions ont été tracées à l'encre blanche. Ce globe a été exécuté vers 1535. Sa particularité la plus remarquable c'est que le géographe a représenté l'Asie et l'Amérique du Nord comme constituant un seul continent.

Harrisse, dans « The Discovery of North America. — Paris, Welter, 1892 », in-4 (Ge FF 3036), a reproduit, en noir, ce globe dont il donne une description générale.
    C 21029 *bis*

287.   Anonyme

Cadran solaire, en cuivre, avec boussole. Sur la face opposée on voit la représentation d'un homme armé d'une épée et portant les insignes de la chasse et de la pêche, avec la date de 1560 et le nom de Jupider. — 0,125 $\times$ 0,950.

Entré à la Section en 1839 et provenant de Nuremberg.
Cette pièce semble avoir fait partie d'une ancienne pendule à quatre côtés séparables. La boussole a été ajoutée à une époque postérieure.   C 1714

288. Hartman (Georgius)

Astrolabe allemand. — 1526. 0,105 $\times$ 0,170.

En cuivre. Entré à la Section en février 1846 et provenant de la collection Marcel, ancien membre de la Commission de l'Expédition d'Egypte.   C 9038

289. Mahdi (Mohammed)

Astrolabe persan fait en Perse au milieu du XVIIe siècle par Mohammed Mahdi. En cuivre. — 0,085 $\times$ 0,120.

Sur la tranche est gravée une invocation aux douze imams chiites, comme sur les monnaies d'Abbas II (1642-1666 de notre ère). Cet instrument, selon M. Reinaud, a été fait pour la ville de Koufou Bagdad Ispahan sous la dynastie des Sofis.
Donné à la Section en 1851, par M. le colonel Rawlinson.   C 13594

290.   **Gaudin (L)**

Carte relief de la route du Simplon, de Brigg à Domo-Dossola, par L. Gaudin. — Genève (s. d.).

Ce relief en couleur est contenu dans une petite boîte et est accompagné d'une nomenclature comptant 54 n°°. Il est entré à la Section en juillet 1840.   C 2320

291.   **Anonyme**

Nova et in//tegra uni//versi orbs// descripsio//. — (S. l. ni d.) o m. 70 de circonférence.

Ce globe terrestre est en cuivre doré. Il est désigné sous la rubrique « Globe doré ». Les terres y sont gravées au burin alors que les inscriptions sont en petites capitales et ont été repoussées au poinçon. Les noms en latin. Il est antérieur à 1527.

Il en existe une reproduction dans l'atlas de G. Marcel « Reproductions de cartes et de globes relatifs à la découverte de l'Amérique. — Paris, Leroux, 1894 », fol [Ge DD 566] Harrisse l'a reproduit aussi dans son ouvrage : « The Discovery of America. — Paris, Welter, 1892 », 4°, mais, ici, une partie de la nomenclature a été supprimée [Ge FF 3036].   B 1635

292.   **Anonyme**

Globe céleste arabe, fait à la Mecque au xvi⁰ siècle. Il est en bronze et les noms sont en arabe. Les étoiles y sont représentées par des incrustations de points en argent. Les figures sont assez grossières et les divisions des degrés inégales.

Ce globe a été acheté à M. le C'⁰ de Viel Castel en mai 1857. Jomard l'a reproduit par développement et par fuseaux dans ses *Monuments de la géographie*. [Ge CC 1232.]   C 15880

293   **Anonyme**

Cadran solaire cylindrique, en bois. — Longueur 0,080.

xviiᵉ siècle.
Inv. gén. 41.

294. Silbermann (Joseph)

Sphère terrestre en creux. Hémi-

sphère boréal. En plâtre. Sur la paroi extérieure qui est dorée on lit : « Dédié à M. Elie de Beaumont secrétaire perpétuel de l'Académie des sciences hommage de reconnaissance de Joseph Silbermann Jⁿᵉ. Impr. de T. Chardon aîné. Paris. » Vers 1885.

Inv. gén. 44.

295.   **Silbermann**

Sphère céleste, par J. Silbermann. Hémisphère boréal. En creux.

Inv. gén. 46.

296.   **Anonyme**

[Astrolabe en cuivre, incomplet, composé de deux pièces, au lieu de 4.]

Inv. gén. 30.

297.   **Hill (Nath.)**

A new Terrestrial Globe by Nath. Hill, 1754.

Ce petit globe est contenu, dans une sphère creuse à l'intérieur de laquelle on a collé une sphère céleste imprimée et coloriée
    Ge A 61

298.   **Anonyme**

Globe vert. — Diamètre 0,240.

Sans titre et sans date, ce document, un des plus précieux monuments cartographiques du commencement du xvi⁰ siècle, est désigné à la Section sous la rubrique : « Globe vert. » C'est un globe de bois revêtu d'un mince enduit de plâtre fin. L'Océan y est peint en vert sombre ; les terres sont en blanc laiteux. Il provient d'Italie où le comte Riant l'acheta à la famille patricienne les Quirini. Il est entré à la Section en avril 1879. G. Marcel a publié sur lui une étude : « Un globe ms. de l'école de Schöner. — Paris, Leroux, 1890, » 8° [Ge FF 815], et l'a représenté dans ses « Reproductions de cartes et de globes relatifs à la découverte de l'Amérique. — Paris, Leroux., 1893 », fol. [Ge DD 566]   C 21029

299.   Anonyme

Boussole chinoise. — Diamètre 0,220.

Inv. gé. 49.

300. Hartman (Georgius)

Astrolabe allemand signé : « Georgius Hartmon (*sic*). Nornberge F. 1526 ». — 0,105 × 0,150.

En cuivre.   B 2428

301.   Silbermann

Partie australe d'une globe terrestre. En creux et en plâtre. Sur la paroi extérieure, qui est dorée, on lit : « Dédié à M. Elie de Beaumont secrétaire perpétuel de l'Académie des sciences en hommage de reconnaissance de M. Joseph Silbermann J^a Impr. par T. Chardon aîné. ». — Vers 1885.

Inv. gén. 45.

302.   Silbermann

Partie de globe céleste. En creux et en plâtre. Sur la paroi extérieure, qui est dorée, on lit : « Dédié à M. Elie de Baumont secrétaire perpétuel de l'Académie des sciences hommage de reconnaissance de Joseph Silbermann J^m. » Vers 1885.

Don 5220

303.   Anonyme

Armille en cuivre. Instrument pour les rapports des mouvement^s du soleil et de la lune relativement aux mois. — (S. d.) 0,070 × 0,160.

Inv. gén. 37.

304.   Anonyme

Globe céleste, arabe-coufique, en bronze, monté sur un pied en cuivre, du xie siècle. Il provient du cabinet du Dr Schiepati et a été acquis en 1836.

Jomard, dans ses *Monuments de la Geographie*, [Ge CC 1232] l'a reproduit avec développement et en fuseaux.   B 1559

305. Chassignett (Franciscus)

Astrolabe en cuivre. Sur la face on lit : « Franciscus Chassignett fecit Romæ Anno Dni 1622. » La patte sur laquelle est fixé le style diffère dans son ornementation. De plus elle porte : 1°, en avant, « Le Febvre » ; 2°, en dessous, « à Paris. », ce qui semble indiquer que l'astrolabe fait à Rome a été terminé ou retouché à Paris.

Inv. gén. 24.

306.   Anonyme

Boussole chinoise. — 0, 125 de diamètre.

Inv gén. 5o.

307.   Ahmed-ben-Khalaf

Astrolabe arabe construit par Ahmed-ben-Khalaf pour Djafar, fils de Moktafi Billah, né en 294 de l'hégire, mort en 377 (905 à 987 de notre ère). — 0, 125 × 0, 190.

Acquis en 1838 de M. Barbier.

B 2491

308.   Anonyme

Nova // et integra // universi orbis // descriptio. // Rothomagi. // (S. d.)

Ce globe terrestre en cuivre, fait à Rouen dans la seconde moitié du xvie siècle, mesure 0,80 de circonférence. Il provient de la Bibliothèque de l'abbé Lécuy, mort vicaire général de Paris. Il avait été trouvé à Lignière dans le Cher et fut vendu à la Section par M. Maria en 1861. G. Marcel en a fait une description détaillée dans sa « Note sur une sphère terrestre en cuivre, faite à la fin du xvie siècle. — Rouen, 1891 », in-8. [Ge F 610].   B 17771

309.   Anonyme

Instrument de déclinaison avec cercle horaire. En cuivre 0,105 × 0,140.

Inv. gén. 38.

310. Kummer (K.-W.)

Nordpol. — 0,660 × 0,660.

Relief en couleur contenu dans une caisse avec plafond en verre.
Inv. gén. 147.

311. Kummer (K. W.)

Sud-Amerika. — 0,680 × 0,680.

Relief en couleur contenu dans une caisse de bois avec plafond en verre.
Inv. gén. 146.

312. Bardin

Plan relief du col du Mont-Cenis. A l'échelle de 1/10.000 pour les distances horizontales. Les courbes dont le trait est grossi sont équidistantes de 100 mètres, les autres sont équidistantes de 50 mètres. Les cotes expriment des altitudes (hauteurs au-dessus du niveau moyen de la mer).

Ce relief est enfermé dans une cage de verre mesurant 0,800 × 0,450.
Inv. gén. 129.

313. Kummer (K. W.)

Nord Amerika. — 0,74 × 0,74.

Relief en couleur contenu dans une caisse de bois avec plafond en verre.
Inv. gén. 145.

314. Kummer

Afrique. — 0,89 × 0,68.

Relief en couleur. Sous verre.
Inv. gén. 144.

315. Lartigue

Grèce et Archipel par Lartigue. — 0,45 × 0,82.

Relief en couleur. Sous verre.
Inv. gén. 130

316. Kummer

Asie. — 0,79 × 0,79.

Relief en couleur. Sous verre.
Inv. gén. 143.

317. Viegas (Gaspard)

[Carte marine contenant la partie occidentale de l'Europe et de l'Afrique, l'Océan Atlantique et une partie de la côte orientale du Brésil. Ms. sur vélin, en couleur et signé :] « Gaspar Viegas. Out° 1534. »
1 feuille 0.690 × 0.960.

Est entrée à la Bibliothèque en 1865 à la suite d'un échange avec les Archives de l'Empire. Gabriel Marcel, dans son atlas « Reproductions de Cartes et de globes relatifs à la découverte de l'Amérique. — Paris, Leroux, 1894 fol. [Ge DD] a reproduit la partie relative à la côte orientale du Brésil. Malgré les recherches de F. Denis, de d'Avezac, de Kohl, d'Harrisse, de Marcel, etc., on ne possède pas de renseignements biographiques sur ce cartographe, portugais. Les Archives du Portugal sont muettes à son sujet.

C 18772

318. Anonyme

[Bataille navale entre les Rochelais et la flotte royale en 1621] (S. l. ni d.), 1 feuille 0,360 × 0,430.

Ge D 3358.

319. Carles (P.)

Carte topographique de la Paroisse et de l'Abbaye Royale de Montmartre Rapportée à l'époque Actuelle année 1858. Levé, dressé sur les lieux de 1848 à 1858 sous les auspices du Baron Michel de Trétaigne Maire, par P. Carles, conducteur municipal attaché au Service des Travaux de Paris, 1 feuille 0,690 × 0,940.

Très important plan ms. en couleur. — Don de l'auteur.
Inv. gén. 201.

320 Barents (Willem)

Delineatio cartæ trium navigationum per Batavos, ad Septentionalem plagam, Norvegiæ, Mos-

coviæ, et novæ Semblæ, et perq.
fretum Weygatis Nassovicum dic-
tum, ac juxta Grœnlandiam, sub
altitudine 80, graduum nec non
adjacentium partium Tartariæ, pro-
montorii Tabin, freti Anian atq.
regionis Bargi et partis Americæ
versus orientem authore Willelmo
Bernardo Amstelredamo expertissi-
mo pilota. — 1 feuille, 0,56 × 0,41

> Avec un autre titre hollandais. —
> Dans un cartouche, en bas, à droite
> on lit: «Auctore Wilhelmo Bernar-
> do, Cornelius Nicolai excudebat.
> Baptista à Doetechum schulp. A°
> 1598. »   Pf. 34 (64).

321. Anonyme

Vue de Dunkerque du côté de la
mer.— (S. l. ni d.) 1 feuille 0.500×
0.500.

> Manuscrit en couleur. xixᵉ siècle.
> C 17897.

322. Blaeu (Johan et Cornel.)

Novam Hanc territorii Franco-
furtensis Tabulam Nobilissⁱᵃ Magni-
ficis, Amplissⁱᵘ Prudentissimisq.
Dominis Dnn. Prætori, Consuli-
bus, Scabinis et Senatoribus inclytæ
ejusdem urbis et Reip-Francof. Vi-
ris prestantissimis... in reverentiæ
signum merito D.D.D. Johan. et
Cornel Blaeu. — (S. l. ni d.)
1 feuille 0,560 × 0,455.

> Vers 1670 (?) Plan ms. en couleurs.
> Bf V

323. Cornetus (Petrus)

[Portulan de la Méditerranée, sur
peau vélin, avec enluminures. Dans
l'angle supérieur, à gauche, on lit :]
« Fecit Hanc Chartam Petrus
Cornetus Anno Salutis 1618 Tot
Rotterdam. » — 1 feuille 0,710
× 0,550.

C 19747

324. Le Rouge

Plan du Jardin de Monceau apar-
tenant A. S. A. S. Monseigneur le
Duc de Chartres. — A Paris, Chez
le Rouge, Rue des Grands Augustins, 1783, 1 feuille 0,660 × 0,480.

C 2094

325. Anonyme

[Carte d'Asie, en Arménien et
datée 1787] 1 feuille 0,650 × 0,475.

326. Denis et Pasquier

Carte de la Forêt de Fontainebleau et de ses environs divisée en
ses huit Gardes ou sont distingués
les anciennes et Nouvelles Routes,
Croix, Carrefours, Chemins, hautes
Futayes, Bruyères, Roches, etc. —
A Paris, chez Denis et Pasquier rue
Saint-Jacques vis-à-vis le College
de Louis-le-Grand, 1764, 1 feuille
0,630 × 0,510.

C 5796 (6)

327. Oronce Fine

Totius Galliæ descriptio, Cum
parte Angliæ, Germaniæ, Flandriæ,
Brabantiæ, Italiæ, Romam usque.
Orontio, F. Delph. autore. — Venetiis Ad Signum, Bibliothecæ,
Divi Marci, Dominicus Zenoi, Ve-
netus excidebat. 1561, 1 feuille
0,500 × 0,380.

> Voir sur ce cartographe les deux
> études de L. Gallois . « De Orontio
> Finæo gallico geographo. — Pari-
> siis, E. Leroux, 1890 », in-8° [Ge
> FF 2976] et « Les Origines de la
> carte de France. La carte d'Oronce
> Finé. — Paris, Leroux, 1891 »,
> in-8. [Ge F 744]. Pf 210 (2670)

328. Vrints (Joannes-Baptista)

Angliæ et Hiberniæ accurata descriptio, veteribus et recentioribus
nominibus illustrata : et ad D. Gu-

liel. Camdeni Britaniam accomodata. Nominibus Antiquis ✳ vel præponitur vel postponitur. Ioannes Baptista Vrints, Geographicarum tabularum calcographus, excud. Antverpiæ, 1605, 1 feuille 0,570 ✕ 0,440.

> Donne 1° « Catalogus Urbium Episcopatuum Oppidorū mercatoriarum Castrorum Ecclesiarum parochialium Fluviorum illustriū Pòntium Sylvarum quæ Chaces vocant Saltuum et Vivariorum omnium quæ in unoquoq. regni Angliæ Comitatu continentur » ; — 2° « Progenies regum Angliæ ab Guilielmi conquest temporibus usque ad hunc diem. Anno Dni 1605. » Ge D 2725

329. Buache (Philippe)

Hémisphère Méridional où l'on voit les parties inconnues du Globe qui sont à découvrir autour du Pôle Antarctique et les vastes étendues de Terres que peuvent renfermer ces espaces inconnus. Dressé par Philippe Buache premier géographe du Roy, en janvier 1771. — 1 feuille ms. 0,67 ✕ 0,510.

> Pf 34 (71)

330. Tavernier (Melchior)

L'Empire François. — A Paris, Chez Melchior Tavernier Graveur et Imprimeur du Roy pour les Cartes géographiques et autres taille doulces demeurant en lisle du Pallais sur le quay qui regarde la Megisserie à la Sphere Royalle, 1637, 1 feuille 0,490 ✕ 0,380.

> Melchior Tavernier, né à Anvers, émigra en France où il fut l'introducteur de la gravure en taille-douce. Bf 11

331. Postel (Guillaume)

La vraye et entière description du Royaulme de France et ses confins, avec l'addresse des chemins et distáces aux Villes inscriptes es provinces d'iceluy. — Paris, Guillaume Postel, cosmographe, 1570, 1 feuille 0,680 ✕ 0,540.

> Pièce rare. G. Postel, né à Dolerie en 1510, fut géographe du roi Charles IX. Pf 210

332. Bertelli (Andrea)

Rhetiæ Alpestris hodie Tirolis com. descriptio. — Venetiis, apud Andreã Bertellum, A⁰ : XCV. Ad Signum S. Marci, 1 feuille 0,585 ✕ 0,420.

> B 1322 (9)

333. Gastaldi (Giacomo)

Descrittione della sicilia con le sue Isole, della qual li nomi Antichi et Moderni et altre cose notabili per un Libretto sono brevemente deechiarati con gratia et privilegio per Giacomo Gastaldo Piemontese, cosmographo in Venetia, 1545, 1 feuille 0,550 ✕ 0,380.

> Ge DD 655 (54)

334. Anonyme

Pianta della citta di Firenze nelle sue vere misure colla descrizione dei luoghi piu notabili di ciascun Quartiere. — Firenze, appresso Giuseppe Bouchard, 1755, 1 feuille 0,690 ✕ 0,510.

> Dans des cartouches on trouve : « Arme del quartiere Santa Croce. — Arme del quartiere S. Giovanni. — Arme del quartiere Santo Spirito. » Ge C 2801

335. Kœrius (Petrus)

Bohemia in suas partes geographicé distincta. Petrus Kœrius Cœlavit. Egidius Sadeler Deline. Joannes Janssonius Exc. Anno 1620. (S. l.) 0,560 ✕ 0,470.

336. Viegas (?)

[Ancienne carte marine contenant la partie occidentale de la

Méditerranée et la partie de l'Atlantique qui avoisine l'Europe et le nord-ouest de l'Afrique. Ms. sur vélin, avec pavillons en couleur. Une étiquette ms. ajoutée très postérieurement à l'époque où la carte a été faite, et collée au verso, attribue celle-ci à Gaspar Viegas et indique comme date l'année 1534.] 1 feuille 0,62 × 0,84.

> Est entrée à la Bibliothèque en 1865 à la suite d'un échange avec les Archives de l'Empire.   C 18773

337.   Salamanca (Ant.)

Iodoco à Meggen Lucernati Prætorianorum Præfecto Ant. Salamanca. S. Helvetios olim vir. clariss. nunc Suisseros, Gallorum gentem. bellicosissimam fuisse eorum in omni sæculo præclare gesta testantur... Jacobus Bossius Belga, in aes incidebat. Romæ, 1555, 1 feuille 0,610 × 0,440.

> Pf 32

338.   Ravenstein

Relief représentant une partie du cours du Rhin. — 0,670 × 0,710.

> Entré à la Section en 1842. Sous verre.   C 4849

339.   Fauvel

[Plan en relief des environs d'Athènes.] 0,830 × 1,090.

> Dans une caisse en bois vitrée. Est entré à la Section en 1840. Relief très important.   C 2234

340.   Prunes (Matheus)

[Portulan ms. sur vélin donnant les côtes de l'Europe occidentale, de la Méditerranée et le Nord-Ouest de l'Afrique. Il est signé : « Matheus Prunes in civitate maioricorū anno 1588. »] 1 feuille 0,670 × 0,330.

Né probablement en Espagne, Prunes vint s'établir à Majorque. Tous ses portulans sont signés de cette ville. Ils sont richement illustrés, comme la plupart des cartes catalanes. Son œuvre est aussi considérable qu'estimée. La Section possède 2 de ses cartes datées de 1586 et 1588. Les autres, que l'on connaît, se trouvent : à Sienne, 1553 et 1559 (Biblioteca comunale); à Venise, 1560 (Museo Civico); à Parme, 1581 (Bibl. Royale); à Florence, 1592 (Archives de l'Etat); à Milan, 1594 (Bibl. Trivulziana). Il y a encore deux cartes sans date, une à Milan (Bibl. Ambroisiana) et l'autre à l'abbaye des Bénédictins de la Cava, au N. de Salerne.

> C 18622

341. Robert de Vaugondy

[Globe céleste en douze fuseaux] 4 feuilles manuscrites encadrées. 0,340 × 0,560.

> Ge A 90

342.   Paz-Soldan (Felipe)

Mapa del Peru Mandado hacer por orden del Libertador gran mariscal presidente constitucional Hamon Castilla por Mariano Felipe Paz-Soldan,... Grabado bajo la direccion del Autor en 1864 por Delamare. — Paris, imp. Lemercier, 1864, 1 feuille 1,42 × 2,06.

> Ge A 46

343.   Roussel

Paris, ses faubourgs et ses environs où se trouve le détail des villages, châteaux, grands chemins pavez et autres, des hauteurs, bois, vignes terres et prez, levez geometriquement par le Sr Roussel, Cap^{ne} Ingénieur ord^{re} du Roy, Ch^{er} de St-Louis. Dédié et présenté au Roy par son tres humble, tres obéissant et tres fidel serviteur et sujet Roussel son Ingenieur Ord^e 1730. — Se vend à Paris chez la veuve Robinet, joignant les Grands Augustins, 1 feuille 1,800 × 1,300.

> Ge A 85

344. **Lartigue**

Relief des Antilles et du golfe du Mexique. — 0,970 × 0,650.

Relief encadré, sans verre. C'est un des premiers essais de reliefs géographiques. A 572

345. **Belt**

Portable globe. — Petit globe imprimé sur toile, monté sur tiges d'acier et se développant en sphère ou se fermant à volonté. xixe siècle.

C 20305

TABLE MÉTHODIQUE

DIJON, IMP. DARANTIERE

— Prévost (M.). **Inventaire sommaire des documents manuscrits contenus dans la collection Chatre de Cangé** du département des imprimés de la Bibliothèque Nationale. 1910, in-8 . . . . **7 fr. 50**

— Raynaud (Gaston). **Inventaire des manuscrits italiens de la Bibliothèque** Nationale qui ne figurent pas dans le catalogue de Marsand. 1882, in-8. . . . . **5 fr.**

— **Inventaire des manuscrits anglais** de la Bibliothèque Nationale par le même. 1884, in-8. . . . . **5 fr.**

— Slane (B⁰ⁿ de). **Catalogue des manuscrits arabes** de la Bibliothèque Nationale, 3 vol. in-4. . . . . **60 fr.**

— **Catalogue des manuscrits mexicains** de la Bibliothèque Nationale. 1899, in-8. . . . . **5 fr.**

— Omont (H.). **Inventaire sommaire des portefeuilles de Fontanieu** conservés à la Bibliothèque Nationale. 1898, in-8 . . . . **5 fr.**

— *Livres à la disposition des lecteurs* : Répertoire alphabétique des livres mis à la disposition des lecteurs dans la salle de travail du département des imprimés. 1910, in-8, XX, 316 p. et plans . . . . **5 fr.**

— Catalogue alphabétique des livres imprimés mis à la disposition des lecteurs dans la salle de travail, suivi de la liste des catalogues usuels du département des manuscrits. 1895, in-8, br. . . . . **3 fr. 50**

— Département des imprimés. Listes des périodiques étrangers. Second supplément. In-8, 53 pages à 2 colonnes . . . . **3 fr.**

— Catalogue de la salle publique de lecture. 1895, in-8 . . . . **2 fr. 50**

Notice des objets exposés : Imprimés manuscrits, estampes. Notices des objets exposés. 1881, in-12, br. . . . . **3 fr.**

— Département des estampes. Notice des objets exposés. 1878, in-12 de 39 p. **1 fr. 50**

— Notice des objets exposés dans la section de géographie. 1889, in-12 . . **1 fr. 50**

— Notice sommaire des principaux monuments exposés dans le département des médailles et des antiques, 1889, in-12 . . . . **1 fr. 50**

— Département des manuscrits. Notice des objets exposés, 1878, in-12 de 79 p. **1 fr. 50**

— Notice d'un choix de manuscrits des fonds Libri et Barrois exposés dans la salle du Parnasse français. 1888, in-12 . . . . **1 fr. 50**

— Notice des objets exposés dans la salle du Parnasse français à l'occasion du second centenaire de la mort de Pierre Corneille. 1884, in-12. . . . . **0 fr. 50**

— Notice d'un choix de manuscrits, d'imprimés et d'estampes acquis dans ces dernières années, exposés dans le vestibule. 1889, in-12 de 52 p. . . . . . . **1 fr. 50**

Catalogue de legs : Catalogue de la collection napoléonienne du baron Hippolyte Larrey donné à la Bibliothèque Nationale par Mᵐᵉ Dodu. 1896, in-8 . . . **2 fr.**

— Catalogue d'une collection musicale et d'ouvrages divers légués par M. O. Therry. Poux. 1896, in-8 . . . . **3 fr.**

Léopold DELISLE, *de l'Institut, administrateur honoraire de la Bibliothèque Nationale*

INSTRUCTIONS ÉLÉMENTAIRES ET TECHNIQUES

POUR

La mise et le maintien en ordre des Livres d'une Bibliothèque

4ᵉ édition. In-8, 94 pages. — **2** fr. *franco*

INSTRUCTIONS pour la RÉDACTION d'un CATALOGUE de MANUSCRITS

ET POUR LA

RÉDACTION D'UN INVENTAIRE DES INCUNABLES

Conservés dans les Bibliothèques publiques de France

In-8, VIII-98 pages, — 2 fr. *franco*

« Ces deux petits volumes, qui ont paru à peu de mois de distance par les soins de M. H. Champion, l'un quelques semaines avant, l'autre quelques semaines après la mort du savant qui laisse un si grand vide dans la science française, seront particulièrement utiles aux bibliographes et aux bibliothécaires. L'un et l'autre sont des modèles de précision et de clarté, tels qu'on les pouvait attendre de leur auteur. Les *Instructions pour la mise et le maintien en ordre des livres d'une bibliothèque* avaient été publiées en 1890 ; cette quatrième édition témoigne du succès de ce véritable vade-mecum du bibliothécaire.

Les *Instructions pour la rédaction d'un catalogue de manuscrits* étaient pour ainsi dire inédites. Elles datent de 1884 et avaient été imprimées en épreuves, tirées seulement à quelques exemplaires pour les membres de la Commission supérieure des bibliothèques. »

H. Omont, de l'Institut. *Bibliothèque de l'Ecole des Chartes*, 1910.

BIBLIOTHÈQUE NATIONALE

(DÉPARTEMENT DES IMPRIMÉS)

CATALOGUE

DE LA

COLLECTION AUDÉOUD

(Éditions d'Amateur et Reliures modernes)

RÉDIGÉ PAR

W. VIENNOT

BIBLIOTHÉCAIRE PRINCIPAL

AVEC UNE PRÉFACE

A. VIDIER

CONSERVATEUR ADJOINT

In-8, xxxv-50 pages à 2 col. *(Extrait du Bulletin mensuel des récentes publications françaises de la Bibliothèque Nationale)*, tiré sur papier de Hollande à 120 exemplaires numérotés. . . . . **5 »**

F. CADET DE GASSICOURT

BIBLIOTHÉCAIRE A LA BIBLIOTHÈQUE NATIONALE

CATALOGUE

DES

PORTRAITS, DESSINS, AUTOGRAPHES

ET

OUVRAGES IMPRIMÉS

DE THEOPHILE GAUTIER

1811-1872

Exposés dans le Vestibule d'honneur de la Bibliothèque Nationale à l'occasion du Centenaire de la naissance du poète.

In-8 avec un portrait, **0 fr. 75**

DIJON, IMPRIMERIE DARANTIERE